Burkhard Müller

Qualitätsprodukt Jugendhilfe
Kritische Thesen und praktische Vorschläge

Burkhard Müller

Qualitätsprodukt Jugendhilfe

Kritische Thesen und praktische Vorschläge

Lambertus

Die Deutsche Bibliothek – CIP-Einheitsaufnahme

Müller, Burkhard :
Qualitätsprodukt Jugendhilfe : kritische Thesen und
praktische Vorschläge / Burkhard Müller. – 2., verb.
Aufl. – Freiburg im Breisgau : Lambertus, 1998
ISBN 3-7841-1014-2

2., verbesserte Auflage 1998
© 1996, Lambertus-Verlag, Freiburg im Breisgau
Umschlaggestaltung: Christa Berger, Solingen
Umschlagfoto: Uwe Stratmann, Wuppertal
Herstellung: Druckerei F. X. Stückle, Ettenheim
ISBN 3 - 7841 - 1014 - 2

Inhalt

Vorwort

Dieser Band ist eine Art Werkstattbericht. Ausgangsmaterial der meisten Kapitel sind Vorträge für Praktikerinnen und Praktiker der Jugendhilfe, um die ich in der aktuellen Diskussion über „Neue Steuerungsmodelle" gebeten wurde. Dies gilt für drei Felder der Jugendhilfe, in denen das Thema besonders heiß gehandelt wird: Hilfen zur Erziehung (Kap. 2, 3 und 4), Beratung (Kap. 5 und 6) sowie Jugendarbeit (Kap. 7 und 8). So unterschiedlich diese Felder sind, so haben sie doch gemeinsam, in besonderem Maße Experimentierfelder der Jugendhilfe zu sein. Bedingungen des Gelingens oder auch Scheiterns von Reformen werden hier besonders deutlich. Dies gilt auch für die Versuche, Jugendhilfe im Rahmen kommunaler Verwaltungsreform als „Produkt" zu beschreiben und zu verbessern. Ich habe meine Beiträge für diesen Band z. T. stark überarbeitet. nicht um die Unterschiede der Problemlagen und meiner Anläufe, ihnen gerecht zu werden, zu verwischen, wohl aber, um den gemeinsamen Grundgedanken klarer zu machen. Er besteht einfach darin, den weitgehenden fehlenden Gesichtspunkt der fachlichen Qualität in jene „Produkt"-Diskussion einzubringen, statt ihn als „black box" vorauszusetzen oder zu behaupten, Produktbeschreibungen als solche bewirkten schon Qualitätsverbesserungen. Auch die Frage des Umgangs sozialer Dienste mit Öffentlichkeit im Schlußkapitel 9 wird als fachliches Qualitätsproblem und nicht nur als Frage der „Marktkompetenz" diskutiert. Erstfassungen einiger Kapitel habe ich im Sozialmagazin (Kap. 2, 7 und 9) und in „deutsche jugend" (Kap. 8) veröffentlicht. Andere sind in verbandsinternen Dokumentationen enthalten Ich danke meiner Frau, Dr. Sabine Hebenstreit-Müller, für viele kritische Anregungen und Ermutigungen.

1 Jugendhilfe und die Verwaltungsreform der „Neuen Steuerungsmodelle"

1.1 „NEUE STEUERUNGSMODELLE" UND SOZIALPÄDAGOGISCHE FACHLICHKEIT

Es gibt Diskussionen, die haben die Unwiderstehlichkeit einer Dampfwalze. Die Diskussion über „Neue Steuerungsmodelle", „Lean Management" „Produktbeschreibungen", „Controlling", etc. ist eine solche. Sie überrollt derzeit, quer durch die Bundesrepublik, die Kommunalverwaltungen, ebenso wie die Organisationen der „Freien Träger". Oft stehen Ämter und Einrichtungen der Jugendhilfe in der vordersten Front, wo erstmalig erprobt wird, was solche Verwaltungsreformen bewirken können. Dies geschieht nicht immer ganz freiwillig. Ob aber Jugendhilfe dabei aus eigenem Antrieb Reformeifer zeigt, oder von oben dazu verdonnert wird, ob sie überzeugt davon ist, mit solchen Methoden ihren Aufgaben besser gerecht zu werden oder nur das Schlimmste an Streichungen verhindern will, ob externe Beratungsfirmen beauftragt, oder mit eigenen Kräften gearbeitet wird, all dies scheint wenig Unterschied zu machen. In der Praxis läuft vieles fast überall ähnlich ab. Im Wesentlichen geht es um die Umsetzung von Modellen, welche die zentrale Innovationsagentur des Deutschen Städte- und Gemeindetages, die sogenannte „Kommunale Gemeinschaftsstelle für Verwaltungsvereinfachung" (KGSt) in Köln seit 1992 dazu entwickelt hat (KGSt 1992, 1993, 1994, 1995, 1996, Blume 1993). Deren Expertisen und Empfehlungen prägen vor allem für die Jugendhilfe die Verwaltungs-Reformdebatte. Zugleich sind diese Empfehlungen natürlich ihrerseits in breitere Diskussionen eingebettet, die einerseits über Kostenexplosionen bei den öffentlichen Leistungen, Finanznot der Kommunen, und andererseits über „schlanken Staat", „flache Hierarchien", „Dienstleistungsmanagement" statt Bürokratie etc. geführt werden.

Die sozialpädagogische Fachwelt war auf diese Diskussion nicht vorbereitet, die hier von außen an sie herangetragen wurde. Sie war mit anderen Dingen beschäftigt – in der Jugendhilfe insbesondere damit, die Konsequenzen des neuen KJHG allererst für sich selbst zu buchstabieren. Vor allem aber gehörte es bisher nicht zu den Gewohnheiten dieser Fachwelt, sich mit ökonomischen Fragen auf praktischer Ebene zu befassen. Kostenfragen sind für die sozialpädagogische Diskussion herkömmlicherweise Anliegen der Sozialbürokratie und deren Probleme und Interessen werden fachlicherseits bislang eher als mehr oder weniger unangenehme Außenbedingung, nicht aber als eigene Anliegen bzw. Teil des eigenen Selbstverständnisses betrachtet. Als Folge dieser Konstellation kann man in der sozialpädagogischen Diskussion über „Neue Steuerung", „Produktbeschreibung" etc. zwei polare Positionen erkennen.

Die eine scheint eher naiv davon auszugehen, daß Weiterentwicklung sozialpädagogischer Professionalität und die Entwicklung von „Dienstleistungsorientierung" und „Marktkompetenz" im Grunde ein und dasselbe seien (vgl. z. B. Wendt 1993, Schröer 1994, Nüssle 1994, Damaschke 1995). Es werden Formeln aus der Privatwirtschaft wie „lean management" aufgegriffen und versichert, es gehe darum, diese „kreativ zu kopieren" (Krome 1993). Zu dieser Sichtweise gehört die Auffassung, daß die Reformulierung der Jugendhilfegrundlagen im 8. Jugendbericht und insbesondere im KJHG auf die Formel gebracht werden könne: „Von der Eingriffsverwaltung zum modernen Dienstleistungsunternehmen" (Schröer). Die Formulierung suggeriert, daß das KJHG als „Leistungsgesetz" die Verwandlung der Jugendhilfe in ein „modernes Dienstleistungsunternehmen" zwingend verlange und Jugendhilfe eben dadurch professionell werde, daß sie diesen Wandel vollzieht. Der Denkfehler liegt dabei in der groben Vereinfachung. Natürlich gibt es Gemeinsamkeiten einer professionell und zugleich gesetzeskonform gehandhabten Jugendhilfe mit einem gut geführten Dienstleistungsunternehmen; insbesondere dann, wenn man beides in Gegensatz zu einer obrigkeitsstaatlichen Eingriffsverwaltung stellt, die das JWG noch teilweise voraussetzte, das KJHG aber verbietet. Aber wer Fachlichkeit und „Marktkompetenz" gleichsetzt, der unterschlägt, daß professionelles ebenso wie gesetzesgerechtes Handeln weitgehend anderen Logiken zu gehorchen hat als der Logik effizienter Dienstleistungen.

Als ein Beispiel für diesen Denkfehler kann die Argumentation eines Jugendhilfe-Modernisierers dienen, der dem KJHG als „Philosophie" unterstellt, „daß Jugendämter moderne Dienstleister sind, die sich am bedarfsgerechten Output qualifizierter Jugendhilfe orientieren" (Rebbe 1995, S. 39). Er leitet daraus ab, den Hilfeplan nach § 36

KJHG „als unverzichtbares Element outputorientierter Steuerung" (ebd.) zu verstehen, wobei den Hilfeplankonferenzen die Aufgabe zugeschrieben wird „die Informations- und Kommunikationskultur eines Jugendamtes transparent" zu machen (vgl. ebd.). Der Verfasser scheint nicht zu merken, daß Hilfepläne und Hilfeplankonferenzen solche Aufgaben, allein schon aus Datenschutzgründen, kaum erfüllen können. Zwar ist seine Intention durchaus richtig, die der Hilfeplanung zugrunde liegende Orientierung am „erzieherischen Bedarf im Einzelfall" (§ 27, 2 KJHG) zum steuernden Faktor der Hilfeangebote zu machen – statt de facto die verfügbaren Leistungsangebote (nach dem Motto: „passt") darüber entscheiden zu lassen, was an Hilfe „geeignet" und „notwendig" ist (vgl. Bürger 1995). Aber diese Intention läßt sich nicht dadurch verwirklichen, daß man die Vereinbarungen der Hilfepläne als „Zielvereinbarungen" versteht, die „überprüfbar, kontrollierbar bzw. meßbar" sein müssen, weil sie unmittelbar als „Steuerungselemente" der Jugendhilfeplanung dienen sollen (vgl. ebd. S. 41). Ob Hilfepläne wirklich gemeinsame „Ziele" festlegen sollen, oder nicht eher Bedingungen von Kooperation, ist die eine Frage. (Adressaten von Hilfe müssen nicht dieselben Ziele haben wie die, die ihnen Hilfe anbieten). Noch mehr aber ist unklar, wer hier was überprüfen soll. Hilfeplanung, die durch ein Angebot für die Beteiligten in ihren Auswirkungen überprüfbar gemacht wird, ist etwas völlig anderes als das Kontrollierbar und -Meßbarmachen von Daten zu Zwecken der Steuerung von Ressourcen. Hier werden also die Ebenen der Erbringung fach- und gesetzesgerechter Leistungen (Hilfeplanung) und die Ebene der organisatorischen Bedingungen dafür (Steuerung, Jugendhilfeplanung) nicht sinnvoll aufeinander bezogen, sondern miteinander verwechselt und vermengt. Dadurch blockiert dieser einseitig am wirtschaftlichen Denken orientierte Reformansatz seine eigene Absicht. Denn wenn tatsächlich die Chancen steigen sollen, daß „maßgeschneiderte", unkonventionelle, am Einzelfall orientierte Hilfen der Normalfall werden, dann darf auf der Ebene der Ressourcenplanung (Jugendhilfeplanung) gerade nicht das verstärkt werden, was „überprüfbar", „kontrollierbar", „meßbar" ist; es müssen, im Gegenteil, Spielräume und Ressourcen für das „Unvorhersehbare" (vgl. § 80, 1 Ziff. 3 KJHG) geschaffen werden.

Im Gegenzug zu dieser, wie ich sie nennen möchte, naiven Dienstleistungsorientierung gibt es inzwischen auch eine Reihe deutlich

kritischer Stellungnahmen. Th. Olk (1994) hat herausgearbeitet, daß professionelle Dienstleistung der Jugendhilfe „grundsätzlich nach marktfernen Kriterien gesteuert wird" (1994 S. 24), sofern sie die Aufgabe hat, ein „politisch gewolltes Niveau der Gewährleistung" (vgl. ebd.) bei einer prinzipiellen „Unbestimmtheit des Aufgabenanfalls" (vgl. ebd. S. 15) sicherzustellen. Fachliche und ökonomische Effizienz folgen deshalb sehr unterschiedlichen Handlungslogiken und sind nicht ohne weiteres auf einen Nenner zu bringen (vgl auch Flösser 1994). Th. Klatetzki (1995) hat am Beispiel der Heimerziehung argumentiert, daß das ökonomische Modell grundsätzlich nicht geeignet sei, Maßstäbe für die Verwirklichung sozialer Werte, um die es in der Jugendhilfe gehe, abzugeben und deshalb auch nicht geeignet sein könne, diese effektiver zu machen. Speziell mit den Produktbeschreibungsmodellen der KGSt haben sich z. B. Tegethoff (1995), Merchel (1995), Faltermeier (1995) und Kühn (1995) befasst. Tegethoff sucht zu zeigen, daß die gängigen Modelle der „schlanken Verwaltung" und insbesondere die der KGSt vor allem dem Schlüsselproblem der Qualitätssicherung kaum gerecht würden, ja, dieses Problem noch nicht einmal als solches erfassten: „Modelle einer mitarbeiterorientierten Qualitätssicherung oder Organisationsentwicklung generell sucht man vergebens" (Tegethoff 1995, S. 141). Ähnlich wirft Merchel (1995) den Produktbeschreibungen der KGSt vor, „rein deskriptiv" zu sein und das Qualitätsproblem auf „quantitative Meßbarkeit" zu reduzieren (vgl. ebd. S. 333). Faltermeier spricht von einem „unkritische(n) Transfer betriebswirtschaftlicher Steuerungsinstrumente" (1995, S. 55) und kritisiert, daß „nicht mehr der persönliche, zwischenmenschliche und letztlich gesellschaftliche Gesamtnutzen mitgedacht wird" (ebd.). Kühn (1995) arbeitet heraus, daß fast nur „Umsetzungsprobleme", aber kaum „Inhalte und Wirkungen des Gesamtkonzepts" (der neuen Steuerungsmodelle) (vgl. ebd. S. 344 u. ff.) diskutiert und die Schwächen und Gefahren des Konzeptes vernachlässigt würden.
Ich halte solche Kritik, wie in den folgenden Beiträgen noch deutlicher wird, für weitgehend berechtigt.[1] Ich sehe aber die Gefahr, daß

---

[1] Gerechterweise muß man allerdings sagen: Auch die KGSt ist lernfähig. Ihr Bericht über integrierte Fach- und Ressourcenverantwortung z. B. (KGSt 1996) trägt einigen der Einwände Rechnung.

11

naive Umsetzung und vernichtende Kritik der „outputorientierten Steuerung" sich gegenseitig blockieren und letztlich dazu führen, daß das ganze im Sande verläuft. Das wäre bedauerlich. Denn die größte Gefahr scheint mir nicht darin zu bestehen, daß hier ökonomisches Effizienzdenken überbewertet und der Jugendhilfe übergestülpt wird.

Die größte Gefahr scheint mir der Etikettenschwindel zu sein, der „Outputsteuerung" und sachbezogene Effektivität sagt, aber in Wirklichkeit Festigung der bürokratischen Kontrolle und Deckelung der Kosten meint. Die Modelle der KGSt leisten dieser Gefahr – wie noch zu zeigen ist – insofern Vorschub, als sie, je konkreter sie Planungsschritte für die Jugendhilfe vorschlagen, desto rigider im hierarchisch von oben nach unter planenden Verwaltungsdenken befangen scheinen. Ich möchte deshalb in den folgenden Abschnitten dieser Einleitung an die zu Beginn der ganzen Diskussion gerade auch von der KGSt ins Spiel gebrachten Prinzipien der ganzen Verwaltungsreform erinnern, die in der heutigen Umsetzungsdebatte fast vergessen scheinen. Ich möchte andeuten, unter welchen Bedingungen diese Prinzipien tatsächlich Teil einer zugleich fachlich überzeugenden und ökonomisch legitimationsfähigen Jugendhilfe werden könnten, wenn sie denn ernst genommen würden.

Festzuhalten ist zunächst allerdings, daß diese Steuerungsdiskussion kaum Früchte tragen wird, wenn man sie isoliert für sich betrachtet und dabei vergißt, daß sich Jugendhilfe zugleich gegenüber anderen Herausforderungen bewähren muß: Diese sind, zum einen, die begründeten Forderungen der sozialpädagogischen Fachdisziplin. Sie konnte sich recht verstanden noch nie damit zufrieden geben, ihr Kompetenzprofil nur *innerhalb* vorgegebener administrativer Strukturen zu entfalten, sondern immer auch diese Strukturen selbst zum Gegenstand fachlicher Kritik und fachlicher Entwicklung machten. Dies gilt für die Reformprogramme der 70er Jahre wie „Neue Fachlichkeit" und „Offensive Jugendhilfe" ebenso, wie für die Grundsätze einer „Lebensweltorientierten Jugendhilfe", die der 8. Jugendbericht als Aufgabe der 90er Jahre formuliert. Zum andern steht die Jugendhilfe vor der noch keineswegs vollständig bewältigten Herausforderung, ein neues Gesetz mit Leben zu erfüllen, das zwar aus jenen Reformdiskussionen herausgewachsen ist, zugleich aber neue Verfahrensnormen setzt. Diese verweisen nicht nur obrigkeitliche Bürokratie, sondern auch selbstherrliche Fachlichkeit aber ebenso eine einseitige Orientierung an wirtschaftlicher Effizienz in die Schranken. Schließlich, und vielleicht am unausweichlichsten, die Herausforderung der gesetzgebenden, gesellschaftspolitischen Ebene, die „mit den Mitteln des Rechts, mit wertenden politischen Aussagen und mit der Formulierung finanzwirtschaftlicher Daten die Rahmenbedingungen der Handlungsfelder der Kinder- und Jugendhilfe absteckt" (Nikles 1995, S. 1).

Es geht also in Wahrheit nicht um eine einzige Herausforderung zu „Neuer Steuerung", sondern um ein ganzes ineinander geschachteltes Gefüge solcher Herausforderungen. Sie weisen zum Teil in ähnliche Richtungen, sind aber nicht immer harmonisierbar und sollten auf jeden Fall nicht gleichgesetzt oder miteinander verwechselt werden. In Anlehnung an Nikles (1995) kann man dabei vier „Steuerungsebenen" unterscheiden:

– 1. die eben genannte „gesellschaftspolitische Ebene" (vgl. ebd. S. 1 f.)
– 2. die Ebene der Kommunalverwaltungen (vgl. ebd. S. 2 f.), welche die treibende Kraft für die Einführung der hier zu diskutierenden Steuerungsmodelle ist
– 3. die Ebene der „kommunalen Jugendhilfeplanung nach § 80 KJHG". Zu dieser Steuerungsebene gehört m. E. allerdings nicht nur § 80, sondern alle Verfahrensvorschriften des KJHG, die den Prozeß der Jugendhilfeorganisation und der Leistungserbringung regulieren: die Vorschriften zu Organisation und Trägerschaft der Jugendämter (§§ 69 ff. KJHG) ebenso, wie die zum Zusammenspiel mit freien Trägern (§ 4, §§ 73 ff.); die Vorschriften zur Klientenbeteiligung (§§ 5, 36 u. a. m.) und zum Datenschutz (§ 61 ff.) ebenso wie die zur Jugendhilfestatistik (§§ 98 ff., vgl. Rauschenbach/Schilling 1997)
– 4. schließlich die Ebene „der handlungsbezogenen pädagogischen Steuerung" (vgl. Nikles 1995, S. 3 f.), die im engeren Sinne die Ebene sozialpädagogischer Fachlichkeit ist.

1.2 KONKURRIERENDE STEUERUNGSEBENEN UND DIE PRINZIPIEN EINES „DIENSTLEISTUNGSUNTERNEHMENS KOMMUNALVERWALTUNG"

Ich möchte hier nicht die genannten Steuerungsebenen je für sich diskutieren, was meinen Rahmen sprengen würde, sondern nur die Wechselverhältnisse andeuten, die, bezogen auf Jugendhilfe, zwischen der kommunalpolitischen Steuerungsebene (Ebene 2) und den anderen Ebenen wirksam sind.

Erstens: *Zwischen der gesellschaftspolitischen und der kommunalpolitischen Steuerungsebene* besteht einerseits eine gleichgerichtete Tendenz in Richtung auf Einschränkung angesichts knapper werdender Mittel, andererseits aber ein Verhältnis, in dem die Steuerungsvorgaben der oberen Ebene die Steuerungserfolge der unteren (kommunalen) Ebene zunichte machen können. Bekanntlich ist ja die Finanzmisere der Kommunen keineswegs nur durch „über die Verhältnisse leben", sondern durch Verschiebung der gesellschaftspolitischen Rahmenbedingungen entstanden, die Auswirkungen z. B. auf die Sozialhilfe haben. Das gilt auch für die Jugendhilfe. Wenn z. B. der Gesetzgeber, wie geschehen, die Vorgaben für die Bereitstellung von Kindergartenplätzen oder die Zuständigkeit für „seelisch behinderte" Kinder oder das Arbeitsförderungsgesetz ändert, dann verengt das die Dispositionsspielräume auch der Jugendhilfe, weil zumeist nur die Aufgaben wachsen, aber nicht die Mittel. Wie mit diesem Widerspruch strategisch und taktisch umgegangen werden kann, gehört allerdings nicht zu meinem Thema.

Zweitens: *Zwischen der kommmunalpolitischen Steuerungsebene und den Steuerungsvorgaben des KJHG* funktioniert das Zusammenspiel ebenfalls nicht von selbst. Auf der einen Seite sollte man zwar davon ausgehen können, daß die Verfahrens- und Aufgabenbestimmungen des KJHG zu den gesellschaftspolitischen Rahmenvorgaben der kommunalpolitischen Steuerung gehören. Unter dieser Voraussetzung müßte eigentlich selbstverständlich sein, daß sich die gesetzliche Steuerung durch das KJHG und die kommunalpolitische Steuerung z. B. durch KGSt Modelle zueinander wie Normsetzung und Normerfüllung verhalten. Dann wären die kommunalpolitischen Steuerungsmodelle nur sachneutrale Hilfsmittel, um die Aufgaben und Verfahrensvorgaben des KJHG möglichst effizient in die Praxis umzusetzen. Auf der anderen Seite ist aber genau dies aus zwei Gründen keineswegs selbstverständlich.

Der eine Grund ist, daß das KJHG als Fachgesetz mit vielen „unbestimmten Rechtsbegriffen" auslegungsbedürftig ist und deshalb i. d. R. nur dann als Zielvorgabe der kommunalpolitischen Steuerung wirksam wird, wenn es von den berufenen Fachkräften – zu denen nach § 72, 2 ja auch die Leitungskräfte des Jugendamtes gehören sollen – entsprechend zur Geltung gebracht wird. Der andere Grund ist, daß die Strategie der „Neuen Steuerungsmodelle" ausdrücklich darauf zielt, der Kommunalpolitik mehr Handlungsspielraum zu verschaffen. Zwar soll das „Wie" der Leistungserbringung soweit als möglich nachgeordneten Dienststellen überlassen bleiben (und diese möglichst nur durch „Kontrakte" und „Leitlinien" in Bezug auf erwünschte Ergebnisse, nicht aber durch direkte Anweisung gesteuert werden (vgl. bes. KGSt 1992, S. 42 ff.). Dies hat aber eben den Zweck, das „Was" und möglichst auch das „Wozu" der Leistungen für die zentralen Instanzen der Kommunalpolitik besser lenkbar zu machen (vgl. ebd. S. 47)[2]. Dieser Zweck versteht sich nur scheinbar von selbst. Denn für die Jugendhilfe hat dies zur Konsequenz, daß sie durch die Einführung solcher Modelle mit einer gewissen Zwangsläufigkeit konkurrierenden Steuerungserwartungen ausgesetzt wird, gerade auch dann, wenn das „Controlling" dieser Modelle funktionieren sollte (vgl. Kap. 2). Die kommunalpolitisch Verantwortlichen müssen von dem Modell größere Dispositionsfreiheit bezüglich der Entscheidung für erwünschte oder auch weniger erwünschte Leistungen und Kosten erwarten, wenn ihnen die Steuerungsinstrumente etwas bringen sollen. Und die für Jugendhilfe Verantwortlichen müssen erwarten, daß die Steuerungsinstrumente dazu brauchbar sind, die Ziele und Vorgaben des KJHG besser umzusetzen. Letzteres aber vergrößert den Dispositionsspielraum der Kommunalpolitik nicht, sondern verkleinert ihn. Denn es setzt voraus, daß Kommunalpolitiker sich davon überzeugen lassen, daß es sich bei Jugendhilfeleistungen und -verfahren nicht um frei disponierbare, sondern um gesetzliche Pflichtaufgaben handelt, bei denen der Kommunalpolitik nur die Rolle des ausführenden und gewährleistenden Organs ohne freie Gestaltungsspielräume zukommt. Die Leitungskräfte der Jugendhilfe aber stehen unvermeidlich im Spannungsfeld dieser beiden Zielerwartungen. Als nachgeordnete

---

[2] Das Funktionsprinzip des holländischen (Tilburger) „Konzern-Modells" formuliert der KGSt Bericht so: „Verwaltungsführung und ausführende Manager sind voneinander abhängig: Die eine Seite setzt die Ziele und liefert die Mittel, die andere Seite verwirklicht die Aufgabe." Und: „Den Managern der Dienste obliegt es, den „Produktionsprozeß" zu steuern, d. h. ihren Betrieb so zu organisieren und zu führen, daß mit möglichst geringem Mittelaufwand das von der Politik gewünschte Ergebnis erreicht wird. Dafür sind sie persönlich verantwortlich." (KGSt 1992, S. 48)

Bedienstete sind sie zur Loyalität gegenüber den Zielen der Verwaltungsspitze und der kommunalpolitischen Organe verpflichtet. Als Fachleute sind sie den Zielen des KJHG und fachlichen Standards verpflichtet. Fachleute ohne Leitungsfunktionen können sich auf den immer noch verbreiteten Standpunkt stellen, daß sie für die Qualität ihrer Arbeit, nicht aber für deren Rahmenbedingungen und Kosten verantwortlich seien. Kommunalpolitiker können sich auf den Standpunkt stellen, daß Gesetzeserfüllung schließlich Auslegungssache sei und keine Kommune gezwungen werden könne, Leistungen zu erbringen, für die sie kein Geld hat. Leitungskräften der Jugendhilfe sind beide Auswege verwehrt: Sie können die erforderliche fachliche Qualität der Jugendhilfe nur verteidigen, wenn sie die Verantwortung für deren Finanzierbarkeit im Kontext und in Konkurrenz mit anderen kommunalen Aufgaben und Prioritäten mit übernehmen. Sie haben aber umgekehrt bei dieser Verteidigung nur dann längerfristig Chancen, wenn sie dabei als *Fachleute* der Jugendhilfe auftreten und die Verwaltungsspitzen und Kommunalpolitiker von der gesetzlichen und fachlichen Notwendigkeit ihres Leistungsspektrums überzeugen können. Für sie ist es deshalb noch keine Lösung des o. g. Zielkonfliktes, wenn sie sich z. B. von Merchel (1995) und anderen Kritikern davon überzeugen lassen, daß die Vorschläge der KGSt oder andere von ihren Verwaltungsspitzen und Politikern favorisierten Reformmodelle zu kurz greifen und daß die Jugendhilfeplanungsverfahren des KJHG oder andere fachspezifische Steuerungs- und Organisationsentwicklungsmodelle für Jugendhilfe besser geeignet seien. Damit fängt die Aufgabe erst an, für solche „besseren" Steuerungsvorschläge bei den Verwaltungsspitzen und im kommunalpolitischen Raum Akzeptanz zu finden. Und wenn in diesem Raum nun einmal „Produktbeschreibungen" und andere Instrumente des „Controlling" nach den Vorschlägen der KGSt die Vorgaben sind, dann kommt es eben darauf an, die fachlichen Gesichtspunkte und gesetzlichen Anforderungen *im Rahmen solcher Vorgaben* zur Geltung zu bringen d. h. den kommunalen Entscheidungträgern entsprechend nahe zu bringen. Wie weit dies gelingen kann, ist eine praktische Frage. Aber nur wenn es gelingt, ist die Gewähr gegeben, daß die Steuerung nicht zur Steuerung ins fachliche Abseits wird.

Auf welche Weise die fachlichen Gesichtspunkte der Jugendhilfe in die aktuell gehandelten Modelle der Verwaltungsreform (speziell die der KGSt) eingebracht werden können, ist das eigentliche Thema dieses Bandes. Diese Fragestellung betrifft, hinsichtlich der o. g. vier Steuerungsebenen, das Verhältnis der kommunalpolitischen zur pädagogisch-fachlichen Ebene. Soweit sich die Steuerungsebene des KJHG und die der fachlichen Standards nicht voneinander trennen lassen, ist jenes Verhältnis bereits diskutiert. Es bleibt aber noch zu klären oder wenigstens anzureißen:

Drittens: *In welchem Verhältnis stehen die Grundsätze, von denen die aktuelle Welle der kommunalen Verwaltungsreform geleitet wird, zu den Grundsätzen einer sozialpädagogisch-fachgerechten Jugendhilfe?* Wie schon angedeutet, wird die Diskussion zu dieser Frage von gegensätzlichen Positionen bestimmt. Die oben beschriebene naiv-optimistische Rezeption von Managementdenken in der Jugendhilfe basiert ja ausdrücklich auf der Annahme, daß „Marktkompetenz", „Kundenorientierung", „Leistungstransparenz" etc. aus sich heraus gleichzeitig die Maßstäbe für kommunalpolitische Legitimation *und* für sozialpädagogische Professionalität liefern und das eine sich vom andern nicht unterscheide. Kritische Einwände gegen diese unterstellte Identität der „Philosophie" einer reformierten Jugendhilfe bzw. des KJHG mit der „Philosophie" eines marktorientierten Management wurden bereits referiert. Aber auch wer diese Skepsis teilt, muß nicht zwangsläufig davon ausgehen, daß die Strategien zur Verbesserung der ökonomischen Effizienz und die Strategien zur Verbesserung der fachlichen Qualität von Jugendhilfeleistungen grundsätzlich unvereinbar seien.

Vor allem in den Anfängen der Diskussion, etwa bei der Vorstellung der holländischen Verwaltungsreform und dem Vorschlag, deren Prinzipien als neues „Leitbild" für das „Dienstleistungsunternehmen Kommunalverwaltung" zu übernehmen (KGSt Berichte 19/1992 und 5/1993), wurde klarer als in späteren Stellungnahmen, die dann die Diskussion bestimmten (bes. KGSt Berichte 9/94 und 3/95), daß es nicht um die Durchsetzung formal neuer Verwaltungsverfahren gehen sollte, sondern um ein neues Denken und Selbstverständnis von Verwaltung. Liest man etwa den Zielkatalog, mit dem die KGSt die Vorbildfunktion des holländischen Modells begründet, so lässt sich auch aus Jugendhilfesicht kaum etwas dagegen einwenden. Er lautet (auszugsweise):

– „Verbesserung der Funktionsfähigkeit der Gesamtverwaltung und Beseitigung der festgestellten Engpässe"

– „Schrittweise Vereinfachung der Verwaltungsorganisation unter Nutzung des intern vorhandenen Know-hows. Eigenständige Implementation der Reorganisation auf der Basis der festgelegten Rahmenbedingungen und Kriterien"

– „Schaffung einer übersichtlicheren und flexibleren Organisationsstruktur, die ein stärker integrales, projektorientiertes und kostenbewußtes Arbeiten erleichtert"

– „Verbreiterung der Einsatzmöglichkeiten des Personals und ein höheres Maß an Selbstorganisation"

– „Qualitativ bessere und quantitativ umfangreichere Dienstleistungen mit weniger, dafür hochqualifiziertem Personal"

– „Sicherstellung der nötigen Kenntnisse und Fertigkeiten bei den zentralen und dezentralen Steuerungseinheiten, um die Reform zu bewältigen"

– „Verbesserungen der Dienstleistungen für die Bürger"

– „Qualitätssteigerung und Ausweitung von Dienstleistungen u. a. durch Evaluierungen und andere Methoden der Qualitätssicherung"

– „Verbesserung des kostenbewußten Handelns/Produzierens"

– „Verbesserung der Steuerungsmöglichkeiten des Rates"

– „Bessere Darstellung des städtischen Handelns gegenüber der Bürgerschaft. Öffentlichkeitsarbeit der Verwaltung nicht nur über die Politik, sondern unmittelbar an den Bürger/die Bürgerin gerichtet" (KGSt 1992, S. 32 f.)

Solche Ziele haben, auf Jugendhilfe angewandt, wenig mit unangemessener Übertragung ökonomischen Denkens auf nichtökonomische Handlungsfelder zu tun. Sie resultierten einfach aus der berechtigten Kritik an einer unflexiblen und ineffizienten Verwaltungsstruktur, die auch einer fachlich kompetenten Jugendhilfe das Leben schwer macht. Jugendhilfe ist sachlich auf eine Verwaltungsstruktur angewiesen, die flexibel auf neue Herausforderungen reagieren kann, genügend Spielräume für eigenverantwortlich handelnde und motivierte Fachkräfte zulässt, die selbstorganisierte Arbeitsformen begünstigt und insgesamt bürgernahe und von den Adressaten akzeptierte und mitgesteuerte Formen der Leistungserbringung ermöglicht. Und sie kann sachlich nichts dagegen haben, wenn sie zur Mitverantwortung für die finanziellen Mittel solcher Strukturen und auch zum Abbau ineffizienter Arbeitsformen herausgefordert wird.

Deshalb läßt sich aus Jugendhilfesicht auch gegen die Grundsatzkritik an einer „inputgesteuert" und „kameralistisch" organisierten Verwaltung wenig einwenden. Diese, so die KGSt,

– setze keine Anreize, Ziele mit möglichst geringem Mitteleinsatz zu erreichen, weil sie durch ihre prinzipielle Trennung von Sachverantwortung und Ressourcenverantwortung eher den maximalen Ressourcenverbrauch als die optimale Leistung belohne (vgl. KGSt 5/93, S. 9 f.): „Nach aller Erfahrung fördert nichts die eigene Karriere so zuverlässig wie eine steigende Zahl von Mitarbeitern und ein wachsender Etat. Einsparungen dagegen verfallen am Jahresende und senken im Zweifel die nächste Mittelzuteilung" (ebd. S. 9)

– sie belohne geradezu das Bestreben, Strukturanpassungen und qualitative Verbesserungen zu vermeiden. „Die heutige Verwaltungsstruktur ist ... nicht auf gesamthafte Qualitätsorganisation, sondern auf arbeitsplatzbezogene Ordnungsmäßigkeit angelegt" (ebd. S. 22)

– sie lasse wegen jener Trennung von Fach- und Ressourcenverantwortung keine „Gesamtverantwortung auf Fachbereichsebene" zu und schaffe damit „einen stetigen Anreiz, zusätzliche Ressourcen auch ohne eindeutig nachgewiesenen Mehrbedarf zu fordern" (ebd. S. 10)

– Insgesamt wird dieser Verwaltung eine „Managementlücke" (zur effektiveren Steuerung), eine „Attraktivitätslücke" (zur Motivierung qualifizierter und innovationsbereiter Mitarbeiter) und eine „Legitimitätslücke" (zur Rechtfertigung der Verwaltungsleistungen gegenüber den Bürgerinnen und Bürgern) attestiert (vgl. ebd. S. 9 ff.).

Wer wollte dem für die Jugendhilfe widersprechen? Es ist auch sicher richtig, solche Kritik nicht nur auf einen der Jugendhilfe gegenüberstehenden und ihr Handeln erschwerenden Verwaltungsapparat zu beziehen, sondern selbstkritisch davon auszugehen, daß Jugendhilfe ihrerseits selbst „als Verwaltungshandeln" betrachtet werden muß und insofern an solchen Mängeln teilhat.

Entscheidend ist freilich nicht die Selbstkritik als solche, sondern die praktischen Konsequenzen, die daraus gezogen werden. Die „Steuerungsmodelle", also die praktischen Mittel der Umsetzung solcher Ziele, sind das, was eigentlich zur Diskussion steht. Die Frage ist, wieweit sie mit dem fachlichen Selbstverständnis der Jugendhilfe harmonieren. Auch hier scheint mir das Problem nicht so sehr im Grundsätzlichen einer „ökonomischen" Denkweise zu liegen, sondern eher in der Art, wie diese zum Teil umgesetzt wird. Ich möchte dies zum Abschluß dieser Einleitung an den vier zentralen Strategiebegriffen verdeutlichen, die der vorgeschlagenen Verwaltungreform zugrunde-gelegt werden: „Dienstleistungsunternehmen" „Outputsteuerung", „Kontraktmanagement" und „Produktbeschreibung"

1.3 Verwaltungsreform und Fachlichkeit der Jugendhilfe

Die Beschreibung der Kommunalverwaltung als *„Dienstleistungs-unternehmen"* schlägt nach den Grundsatzpapieren der KGSt ein be-stimmtes „Leitbild" leistungsorientierter Verwaltung vor (vgl. z. B. KGSt 5/93, S. 13 f.), meint aber keine Verwandlung der Kommune in eine Firma (vgl. ebd. S. 14). „Als politische Organisation ist die Kom-mune ihren Einwohnern für die Durchsetzung spezifisch öffentlicher, gemeinwohlorientierter Ziele verantwortlich: innerer Friede, gesunde Lebensbedingungen, gerechter Zugang zu bestimmten Grundleistun-gen, Schutz der Schwachen. Es kann daher beim Umbau der Kommu-nalverwaltung zum Dienstleistungsunternehmen kein blindes Nach-ahmen von Strukturen und Instrumenten aus dem privaten Sektor geben" (ebd. S. 14)
Für die Jugendhilfe sind unter diesen Zielen insbesondere der „gerech-te Zugang zu bestimmten Grundleistungen" und der „Schutz der Schwachen" relevant. Wenn dieser Vorbehalt gegen ein „blind" öko-nomisches Verständnis von Dienstleistung ernst gemeint ist, dann hat das Konsequenzen für die Jugendhilfe. Ihre Verpflichtung auf das Leitbild „Dienstleistungsunternehmen" darf gemäß diesem Vorbehalt nicht die Folge haben, daß sie sich bedingungslos an den Wünschen jeweiliger Kundschaften (seien dies „leistungsberechtigte" Adressa-ten oder die Kommunalpolitiker oder andere) orientiert. „Gerechter Zugang zu Grundleistungen" und „Schutz der Schwachen" kann ge-rade dort zur Herausforderung werden, wo Kundenwünsche in andere Richtung weisen oder sich widersprechen. Wenn man demnach be-stimmte Instrumente der Umsteuerung in Richtung „Dienstleistungs-unternehmen Jugendhilfe" – z. B. Vorgaben für „Produktbeschreibun-gen" – auf ihre fachliche Verträglichkeit hin prüfen will, dann muß man fragen: Führen diese Instrumente *nur* dazu, daß jeweils inter-essierte und zur Leistungsabnahme bereite „Kundschaften" besser bedient werden, oder *auch* dazu, daß Jugendhilfe fähiger wird, ihre spezifischen fachlichen und gesetzlichen Aufgaben zu gewährleisten?

Diese Überlegungen haben auch Konsequenzen für das Konzept der *„Outputorientierten Steuerung"*. Der Kern der Kritik an der herkömmlichen „kameralistischen" („inputgesteuerten") Verwaltung ist ja, wie beschrieben, daß diese systematisch zwischen der Verantwortung für die Verwaltung der Ressourcen und der Verantwortung für die damit zu leistenden Sachaufgaben trennt. Das beißt sich mit der Idee einer „Leistungsverwaltung". Historisch handelt es sich um eine Erfindung der Finanzverwalter feudaler Fürstentümer[3], die das Problem zu lösen hatten, wie sie zu geordneten Finanzen kommen konnten, ohne dem souveränen Fürsten dreinzureden, ob er sein Geld lieber für Jagden oder Mätressen oder Kriegsspiele auszugeben gedachte. Die vom wirtschaftlichen Denken inspirierte Radikalkritik an diesem System will mit dem Instrumentarium „Outputorientierter Steuerung" demgegenüber eine „Persönliche Ergebnisverantwortung" (KGSt 5/93, S. 18), gerade auch für die Zwecksetzung der Mittel. Um diese Verantwortung „organisatorisch abzusichern, muß zwischen fachlicher Produktverantwortung, Ressourcenverantwortung und aufbauorganisatorischer Leitungsverantwortung auf allen Verwaltungsebenen Deckungsgleichheit geschaffen werden" (ebd.).
Man sollte allerdings nicht vergessen, daß das kameralistische Prinzip nicht nur einst Fürstenwillkür finanzierbar machte, sondern auch eine der Grundlagen von objektiver und rationaler Verwaltung im Sinne Max Webers ist. Man sollte nicht vergessen, daß die durch dieses Prinzip im o. g. Sinne ermöglichte Ressourcenverschwendung nur die unerfreuliche Kehrseite eines an sich positiven Tatbestandes ist: Daß es nämlich fachliche Verantwortlichkeiten und Dispositionsspielräume gibt, die eine gewisse Unabhängigkeit von wirtschaftlichen Erwägungen gestatten und der Verwaltung die Möglichkeit nehmen, sich in fachliche bzw. professionelle Prioritätsfragen einzumischen; wie es umgekehrt auch der Verwaltung eine gewisse Objektivität und Neutralität gegenüber konkurrierenden sachlichen Prioritäten der jeweiligen Fachleute oder auch Interessengruppen verleiht. Solche Spielräume sind für Jugendhilfe gerade dann wichtig, wenn es um den genannten „gerechten Zugang zu Grundleistungen" und „Schutz der Schwachen" geht. Wenn *dafür* „persönliche Ergebnisverantwortung" organisato-

---

[3] Der Begriff „Kameralistik" leitet sich von der „Kammer" (Kasse) des Fürsten ab.

risch sichergestellt werden soll, dann muß z. B. der Spielraum gesichert werden für das, was Olk (s. o.) „prinzipiell unbestimmbaren Aufgabenanfall" genannt hat. D. h. es muß für eine Infrastruktur gesorgt sein, die nicht ständigen Rechtfertigungszwängen unterliegt, ob sie auch immer voll ausgelastet ist und ob sie über die optimal nachgefragte Produktpalette verfügt, die „just in time" zur Verfügung steht. Dies braucht keineswegs Verschwendung zu bedeuten, weil oft gerade die mit einer solchen Infrastruktur informell und niedrigschwellig zur Verfügung stehenden Hilfen – die aber eben nicht als „Produkt" ausweisbar sind – die wirksamste und damit auch billigste Leistungsart darstellen. Damit sollen die vernünftigen Elemente einer Reform hin zu „ergebnisorientierter" Jugendhilfe nicht geleugnet, wohl aber auf deren Grenzen hingewiesen werden.

Das dritte strategische Prinzip der „Neuen Steuerungsmodelle" ist das sogenannte *„Kontraktmanagement"*. Auch dies Prinzip kann für die Jugendhilfe durchaus fruchtbar sein. Es geht davon aus, daß Verwaltungen eben nicht als einheitlicher Apparat funktionierende Maschinen sind, bei denen ein Rad ins andere greift, sondern nach außen wie nach innen auf freiwillige und von Eigeninitiative getragene Partnerschaft und Kooperation angewiesen sind. Diese muß allerdings auch verlässlich und berechenbar sein. Diesem Ziel dienen aus der Privatwirtschaft übernommene Konzepte, wie „Schaffung von Marktsurrogaten" (KGSt 19/1992, S. 12) – durch die im internen oder auch nicht-kommerziellen Verkehr Leistungen und Gegenleistungen aufgerechnet werden können – oder das Konzept des „internen Unternehmertums" („Intrapreneurship") (vgl. ebd. S. 13), das Eigenverantwortlichkeit und Initiative in den Teilorganisationen zu stärken sucht. „Kontraktmanagement" ist also „ein Mix aus einer Vielzahl von Ideen aus den modernen Management- und Organisationstheorien" (ebd. S. 43), die solchen Zielen dienen sollen. Es „zielt darauf ab, den einzelnen Organisationseinheiten möglichst viel und möglichst „integrale" Verantwortung für ihr Handeln zu geben. Dazu müssen diese auch die Verantwortung für den Ressourceneinsatz (Personal, Finanzmittel, Technikunterstützung) und einen entsprechend großen Handlungsspielraum haben" (ebd. S. 42). Allerdings soll nicht nur die Eigenständigkeit, sondern auch die Steuerbarkeit der Teilorganisationen im Interesse des Ganzen erhöht werden, weshalb das Funktionsprinzip – eben der „Kontrakt" – darin besteht, „Verantwortung und

Kompetenz auf der Basis eines jährlichen Betriebsplanes (Dienstplanes) von einer höheren auf eine niedere Ebene zu delegieren, wobei die untergeordnete Organisationseinheit systematisch und regelmäßig der übergeordneten Einheit über die Umsetzung des Betriebsplanes berichtet" (ebd.).

Ob sich solches Management für Jugendhilfe eignet, hängt nun wesentlich von der Art des „Kontraktes" ab. Der erste KGSt Bericht zum Thema selbst hielt stark formalisierte, und das Steuern gegenüber der Eigeninitiative überbetonende Formen dieses Management[4] im kommunalen Bereich für weniger geeignet. Er hebt demgegenüber hervor, daß nach den holländischen (Tilburger) Erfahrungen nicht die formalen Vereinbarungen entscheidend seien, sondern die Änderungen der Denkweise und Organisationskultur (vgl. ebd. S. 45). Dies gilt gewiß auch für die Jugendhilfe. Sie könnte dann – und nur dann – von solchem Kontraktmanagement profitieren, wenn es nicht *nur* darauf zielt, sie im Sinne der Vorgaben von Verwaltungsspitze und Kommunalpolitik besser steuerbar zu machen und wenn die (finanzielle) Eigenverantwortung nicht nur als Mittel zu diesem Zweck gesehen wird. Denn Einordnung der Jugendhilfe in eine funktionsfähige Kommunalverwaltung ist nur die eine Seite der Sache. Die andere aber ist, daß die Jugendhilfe einen eigenen gesetzlichen Auftrag und in diesem Rahmen die Pflicht hat, fachlich verantwortbare Strukturen zu schaffen und sachgerechte Entscheidungen zu treffen, die eben nicht von dem Kontrakt mit einer Verwaltungsspitze oder kommunalpolitischen Instanz abgeleitet sind. Sie kann sich nicht mit einer Entscheidungsfreiheit über das „Wie" ihrer Leistungen begnügen und das „Was" und das „Wozu" (vgl. ebd. 47 u. 49) übergeordneten Instanzen anheim stellen.

An dieser Stelle kann sich nämlich bei der praktischen Umsetzung eine heimliche Pervertierung der ganzen „Neuen Steuerung" einschleichen, deren innere Logik ja eben darin besteht, das „Wie" der Leistungserbringung nach unten zu delegieren und über das „Was" und „Wozu" zentral bzw. politisch zu entscheiden. Die Pervertierung

---

[4] Solche in Rahmen einer „Top-Down-Planung" vereinbarten Kontrakte werden so beschrieben: „In diesem Rahmen machen die Dienste ein Angebot, welche Leistungen sie zu welchem Preis erstellen können. Im Lauf des Planungsprozesses wird nur versucht, das politisch gewünschte und das administrativ Machbare zusammenzubringen und in einem Kontrakt (einem Dienstplan) zu vereinbaren, dem beide Partner zustimmen können." (ebd. S. 43)

tritt dann ein, wenn die Verwaltungsspitze bzw. die politischen Entscheidungsgremien an einem inhaltlichen „Was" und „Wozu" der Jugendhilfe gar kein Interesse haben, sondern nur daran interessiert sind, daß ihnen niemand vorwerfen kann, das Gesetz nicht erfüllt zu haben, und am liebsten alles übrige ihren „Fachleuten" überlassen. Wenn es den Fachleuten dadurch nicht mehr gelingt, bei den rahmensetzenden Entscheidungsträgern ein wirkliches Interesse an der Realisierung des „Was" und „Wozu" ihres Auftrages zu wecken, dann bedeutet dies, daß aufs Neue ein System organisierter Verantwortungslosigkeit entsteht. Denn wenn z. B. die Tendenz zunimmt, daß eine Verwaltungsspitze ihrem Jugendamt das „Wie" der Erfüllung des gesetzlichen Jugendhilfe-Auftrags – einschließlich der Budgetverantwortung – zu dem Zweck delegiert, um eben damit die Frage nach den Mitteln für das „Was" und „Wozu" der Jugendhilfe endgültig vom Tisch zu haben, dann handelt es sich nicht um Delegation von Verantwortung, sondern um ein Sich-Drücken vor Verantwortung.

Daß diese Tendenz faktisch wirksam ist, kann man schlecht bestreiten. Wer sich dagegen wehrt, wird leicht mit dem Argument mundtot gemacht, er sperre sich gegen vernünftige Verwaltungsreform als solche. Jugendhilfe muß sich aber dagegen wehren, wenn sie sich nicht selbst preisgeben will. Kontraktmangement kann hier nur sachgerecht funktionieren, wenn es als fortlaufender kommunikativer Aushandlungsprozeß zwischen Fachleuten der Jugendhilfe, den für's Budget der Kommune Verantwortlichen und den Repräsentanten der Kommunalpolitik verstanden wird; wobei natürlich alle Kontraktpartner bereit sein müssen, die Verantwortung der jeweils anderen Seite ein Stück weit mitzutragen. Nur wenn „Kontraktmanagement" dies gelten läßt und darin besteht, gelingende und verläßliche Balancen zwischen dem fachlich und gesetzlich Erforderlichen, dem kommunalpolitischen Willen, dem finanziell Machbaren und den Bedürfnissen und Wünschen der Adressaten zu suchen, kann Jugendhilfe davon profitieren.

Dies hat Konsequenzen für den letzten und in der Debatte am meisten strapazierten Begriff, der hier zu diskutieren ist, der Begriff der „Produktbeschreibung". Ohne hier die Diskussion der folgenden Kapitel vorweg zu nehmen, in denen immer wieder erörtert wird, in welchen Grenzen es überhaupt sinnvoll sein kann, Jugendhilfe als Gefüge von „Produkten" zu bezeichnen, möchte ich auf folgendes hinweisen:

24

„Produktbeschreibungen" sind nichts anderes als Instrumente, um ein „Kontrakmanagement" in dem beschriebenen Sinn zu ermöglichen.

Solange es keinerlei fassbare Evaluation dessen gibt, was Jugendhilfe und/oder einzelne ihrer Dienste leisten, wenn in gar keiner Weise auch quantitativ abschätzbar wird, in welcher Relation Leistungen und Kosten zueinander stehen, dann ist auch keine „Steuerung vom Ergebnis her" und kein „Kontraktmanagement" möglich. Dann bleibt nur die Möglichkeit, über den „input" (d. h. die willkürliche Festlegung von Haushaltsansätzen) zu steuern. Wer davon weg will, kann sich auch in der Jugendhilfe dem Anliegen, Beschreibungen der Jugendhilfe zu Steuerungszwecken zu entwickeln, nicht einfach verschließen.

Die Frage ist allerdings, wie solche „Produktbeschreibung" genannten Evaluationsinstrumente sinnvollerweise aussehen müssen und wer sie herstellen kann. Hier gilt selbst für die erwähnte „Top-Down-Strategie" (vgl. Anm. 4), daß Produktbeschreibungen eigentlich nur diejenigen liefern können, die die Leistungen selbst anbieten. Ohne ihre Einschätzung dessen, was machbar ist, bleibt die Beschreibung leere Spekulation. Darüber hinaus wird in der Darstellung der holländischen Erfahrungen immer wieder hervorgehoben, daß „Normen nicht von oben herab festgelegt werden" können, weil sonst Widerstand das Ganze zum Scheitern bringt (vgl. KGSt 19/1992, S. 73) und daß die beteiligten Mitarbeiter und Mitarbeiterinnen selbst die wertende Beschreibung ihrer Arbeit entwickeln müssen. „Nach Tilburger Erfahrungen kann es bis zu drei Jahren dauern, ehe die Produkte eines Dienstes beschrieben vorliegen. Auch dann kann es aufgrund weiterer Erfahrungen noch zu Änderungen kommen" (ebd. S. 71). Es sei hier schon darauf hingewiesen, daß dies in bemerkenswertem Kontrast zu der in Deutschland inzwischen verbreiteten Praxis steht, „Produktbeschreibungen" im Schnellgang zu erstellen und sich dabei weitgehend auf von oben verordnete Schemata wie die der KGSt zu verlassen. Ob mit solchen Verfahren ein zugleich effizienzsteigernder und die Qualität von Jugendhilfe verbessernder Steuerungsmechanismus geschaffen werden kann, ist fraglich. Aber dies im einzelnen zu diskutieren ist Aufgabe der folgenden Kapitel.

2 Fachlichkeit und Controlling in der Jugendhilfe[1]

2.1 CONTROLLING ALS STEUERUNGSAUFGABE

Die Diskussion über „Neue Steuerungsmodelle", „Controlling", etc. läuft gewöhnlich in einem Dreischritt ab. Zuerst wird über die japanische Autoindustrie geredet, die angeblich das neue Management, die „Quality-Circles" oder „Kaizen", die „flachen Hierarchien" oder „Lean-Management", die „output-orientierte Steuerung" etc. erfunden hat. Was alles ungefähr dasselbe ist, nämlich des Rätsels angebliche Lösung, wie man gleichzeitig besser *und* billiger produzieren kann. Zweitens wird gesagt, daß es im non-profit-Bereich, wie schon der Name sagt, nicht um Gewinn gehe und deshalb hier, wie insbesondere in der Jugendhilfe, Produktqualität und Kosten-Effizienz schwerer zu messen seien, daß wir uns aber angesichts der leeren kommunalen Kassen der Herausforderung gleichwohl stellen müßten. Und dann, als sei damit alles geklärt, werden im dritten Schritt Modelle für „Output-Orientierung" „Produktbeschreibungen", „dezentrale Ressourcen-Verantwortung", und eben auch „Controlling" angeboten mit der stillschweigenden Unterstellung, daß diese Modelle bei ihrer praktischen Umsetzung den gewünschten Doppeleffekt von Sparen und Qualitätsverbesserung unmittelbar gewährleisten.

1. These: Ziel der ganzen Diskussion über neues Management in der Jugendhilfe ist, Jugendhilfe **gleichzeitig** *besser und billiger zu machen.*

Meine Befürchtung ist, daß mit einem Großteil der Diskussion mehr heiße Luft als sonst was produziert wird. Daß nämlich die meisten der demnächst eingeführten Produktbeschreibungs- und Controlling-Systeme weder zu Kosteneinsparungen noch zu Qualitätsverbesserungen, noch zu „Output-orientierter Steuerung" führen werden, sondern

---

[1] Ich danke Sabine Hebenstreit-Müller und Bernhard Müller-Henker, die an der Entstehung des Vortrages, der diesem Kapitel zugrund liegt, mitgewirkt haben.

26

nur zu erhöhtem bürokratischem Aufwand bei der Mittelvergabe, also aufwendigerer Steuerung des „Inputs", ohne positive Steuerungseffekte für die Qualität der Leistungen. Da aber das Geld für Jugendhilfeleistungen in den kommunalen Kassen trotzdem nicht mehr, sondern langfristig weniger wird, ist das Ergebnis absehbar: Man läßt das Steuern und das Qualitätsmanagement sein und deckelt statt dessen die Ausgaben nach Maßgabe des jeweiligen Kassenstandes. Daß diese Deckelung dann nicht „Deckelung" sondern „Budgetierung" und „dezentrale Ressourcenverantwortung" heißen wird, ändert daran nichts.

Falls Jugendhilfe die Aufgabe hat, einer solchen Entwicklung zu wehren – und davon gehe ich aus – müssen sorgfältiger als allgemein üblich die Voraussetzungen der Anwendbarkeit von Steuerungs- und Controllingtechniken in der Jugendhilfe überprüft werden. Und das ist vor allem eine sozialpädagogisch-fachliche Aufgabe. Mein Standpunkt ist nicht der eines Spezialisten für Controlling, sondern der eines Sozialpädagogen. Aber soviel habe ich inzwischen gelernt: Jeder seriöse Controlling-Spezialist, dessen Beratung etwa eine Jugendamtsleitung oder eine Stadtverwaltung in der Erwartung sucht, damit Geld zu sparen, wird als erstes die Auskunft geben: „Controlling als neues Verwaltungsverfahren spart erst mal kein Geld sondern kostet Geld, Arbeitskraft, Investitionen". Und damit es das Geld wert sein kann, muß Jugendhilfe als Auftraggeber für's Controlling die Frage beantworten: „Durch welche Änderungen in Ihrem Amt wollen Sie welche Effekte erreichen und dabei wo sparen?" Erst wenn man fachlich geklärt hat, wohin die Reise gehen soll, helfen Steuerungsinstrumente, d. h. können praktische Schritte geplant werden, dem Ziel näher zu kommen.

Jugendhilfe als Kundin bzw. Nutzerin von Controlling-Techniken und Steuerungsmodellen hat, das ist jedenfalls meine These, bei weitem noch nicht ihre Hausaufgaben gemacht, zu beantworten, was sie ändern *will*, (und was nicht) um von den neuen Managementverfahren wirklich profitieren zu können. Meine kritischen Überlegungen zu diesem Thema sind deshalb nicht als Versuch zu verstehen, die Diskussion um neues Management in der Jugendhilfe zu diskreditieren oder Steuerung, die zu mehr Sparsamkeit führt, abzuwehren. Ich möchte im Gegenteil, daß das Wind- und Gegenwindmachen dazu aufhört und die ernsthafte Auseinandersetzung damit anfängt.

*2. These: Controlling ist Geldverschwendung ohne sozialpädagogisch-fachliche Klärung der **Ziele**, deren Erreichung kontrolliert werden soll.*

Als kleinen Beitrag zu diesem großen Ziel möchte ich im folgenden versuchen, zu klären, was „Controlling in der Jugendhilfe" begrifflich genau heißen kann, und welchen Stellenwert das Fachliche dabei hat. Solange jeder darunter versteht, was er will, ändert sich nichts. Ich gehe dabei zunächst von den gängigen Definitionen der Lehrbücher zum Controlling aus, die darin übereinstimmen, daß Controlling nicht einfach ein englisches Wort für irgend eine Art der Finanzkontrolle ist und auch nicht mit dem deutschen Wort von Kontrolle = „Feststellen ob eine vorgegebene Norm erfüllt ist" (Schramm 1994, S. 23) übersetzt werden kann. Es ist auch nicht – obwohl der Begriff oft so verkürzt gebraucht wird – einfach als eine neuartige Form von Haushaltsüberwachung zu verstehen. Vielmehr versteht man unter Controlling ganz allgemein alle Techniken und Strategien, die dazu dienen, ein Unternehmen oder sonst eine Organisation zu steuern. Steuerung von Unternehmen ist im allgemeinen nicht Sache der Buchhalter. Controlling hat also zunächst einmal nichts mit Zählen und Messen zu tun, sondern ist eine Führungsaufgabe, die sich mit den Fragen beschäftigt: Was wollen wir? Woran bemessen wir unsere Erfolge? Was brauchen wir dafür? Wie können wir unsere Mittel effektiver einsetzen? Welche unausgeschöpften Ressourcen gibt es, um unsere Ziele auch bei knappen Mitteln einigermaßen zu erreichen? Natürlich geht es dann auch und vor allem ums Geld. Aber wenn von Anfang an zuerst die Ausgaben und dann erst die Aufgaben im Blick sind, statt umgekehrt, dann handelt es sich nicht im eigentlichen Sinne um Controlling.

*3. These: Controlling ist primär nicht Finanzkontrolle, sondern **die** strategische Führungsaufgabe, nämlich Beantwortung der Fragen: Was wollen wir? Woran messen wir unsere Erfolge? Was brauchen wir dafür? und erst dann: Wie können wir unsere Mittel effektiver und effizienter einsetzen?*

Controlling als Führungsaufgabe und Führen als Steuern zu verstehen enthält zwei wichtige Gedanken. Erstens steckt darin die Abkehr von mechanistischen bzw. bürokratischen Vorstellungen von Organisation. Traditionelle Bürokratien gehen von der prinzipiellen Kontrollierbarkeit (und Kontrollbedürftigkeit) aller Einzelvorgänge von der Entscheidungsspitze bis zur untersten Ausführungebene aus – und eben deshalb sind sie kaum noch steuerbar. Es entsteht das Paradox, daß gerade die genaue Kontrolle aller Einzelvorgänge das Ganze außer Kontrolle geraten läßt. Weshalb das so ist, kann man sich an einem einfachen Beispiel klarmachen: Aus dem selben Grund, weshalb ich nicht in der Lage sein kann, ein Auto zu steuern, wenn ich gleichzeitig überwachen soll, ob sich z. B. die einzelnen Zylinder meines Motors, jeweiliger Geschwindigkeit entsprechend, richtig heben und senken. D. h. das Auto ist nicht steuerbar, wenn sich seine Elemente nicht großenteils selbst steuern. Organisationen werden unter Controlling-Gesichtspunkten oft auch mit Organismen verglichen, deren Fähigkeit zur Selbststeuerung entscheidend darauf beruht, daß sie eine Fülle von Regulierungsmechanismen entwickelt haben, die ganz automatisch ablaufen und eben keiner besonderen Steuerung durch den Gesamtorganismus bedürfen. Unser eigener Körper ist das beste Beispiel dafür. Wir könnten keinen einzigen Schritt vor den andern setzen, uns ganz wörtlich nirgends hinbewegen, wenn unser Organismus nicht eine Fülle von Selbststeuerungsmechanismen entwickelt hätte, die unsere Bewegungen kontrollieren, ohne daß wir es merken. Übertragen auf organisatorische Abläufe bedeutet das: Eine entscheidende Funktion von Controlling als strategischer Aufgabe besteht darin, die Selbstregulierungsmechanismen einer Organisation, einer Verwaltung so zu verbessern, daß die Steuerung des Ganzen soweit irgend möglich ohne bzw. mit wenig „operativem" Controlling auskommt.

*4. These: Das beste Controlling ist immer das, was sich selbst überflüssig macht, nämlich **Selbstregulierungsmechanismen** schafft, deren Regulierung weniger Kontrolle als bisher erfordert.*

Der zweite Gedanke, der in Controlling als Führungs- und d. h. Steuerungsaufgabe steckt, wird vor allem in der von der KGSt angeführten Diskussion über neue Steuerungsmodelle, „Outputorientierung" etc. hervorgehoben. Steuern ist demnach ein kontinuierlicher Prozeß des Abgleichens von eingesetzten Mitteln und erwünschten Wirkungen bzw. Veränderungen. Die grundsätzliche Kritik dieser Diskussion an den herkömmlichen Formen der Verwaltungsführung ist ja, daß deren Trennung von Ressourcenüberwachung (durch die Querschnittsämter) und Fachverantwortung (durch die Fachämter und -Dienste) eine wirkliche Effektivitäts- und Effizienzkontrolle gar nicht möglich mache. Michael Blume von der KGSt schreibt: „Die geteilte Fach- und Ressourcenverantwortung ist Grundlage einer Organisationsform, in der – abgesehen von der Führung der Verwaltung – eigentlich niemand umfassend und vollständig für ein bestimmtes Ergebnis zur Rechenschaft gezogen werden kann. Im Zweifel sind immer die anderen (mit)verantwortlich" (Blume 1993, S. 4). Unter Einführung von Controlling kann man in dieser Hinsicht die Summe aller Techniken verstehen, die dazu dienen, Kosten, die die Herstellung erwünschter Zustände bzw. Produkte verursachen, *vom Ergebnis her* zu steuern. In der privatwirtschaftlichen Controllingdiskussion steht dabei im Mittelpunkt, daß mit Kosten nicht nur die offiziell anfallenden und in Rechnung gestellten Kosten, sondern gerade auch die verdeckten, wo anders hin verschobenen, erst später auftretenden oder scheinbar unveränderbaren und deshalb vernachlässigten Fixkosten gemeint sind[2]. Etwas laienhaft ausgedrückt könnte man sagen:

---

[2] Zur Illustration kann z. B. Kursmaterial aus der Mitarbeiterfortbildung der Robert Bosch GmbH dienen, das „Offensichtliche Verschwendungen" und „Verdeckte Verschwendungen" unterscheidet. Zum ersten werden gerechnet: Überproduktion (Lagerbestände, Kapitalbindung, Abschreibungen, Verschrottungen); Stillstand (Wartezeiten, Ausfallzeiten, Mehraufwand durch Improvisation); Transport (Zeitaufwand, Ressourcen); Herstellung/Bearbeitung (Produktgestaltung, Fertigungsmethoden; Arbeitsfluß; Einrichtungszeiten); Lagerhaltung (Kapitalbindung, Material, Flächen), Überflüssige Transporte); Bewegung (Handhabung im Arbeitsprozeß, Ergonomie); Fehlerhafte Produkte (Prüf- und Reparaturaufwand; Garantieaufwand, Imageverlust). Zum zweiten werden gerechnet: Mangelhafte Prozeßbeherrschung (Historisch gewachsene Prozesse, keine Gesamtoptimierung, Problemlösung auf Symptomebene); Mehrfacharbeit (Fremdkontrollen, Absicherungen; Mangelnde Transparenz der Abläufe, Unklare Kundenanforderungen) Übererfüllung von Kundenanforderungen (Eigenleben interner Standards, Mangelhafte Absprachen) Aufgaben ohne Bezug zum (externen) Kunden: (Beschäftigung mit sich selbst, Funktionale Optimierungen); Sequentielle Bearbeitung ohne Sachzwang: (Taylorismus, Mangelnde Teamarbeit). Controlling im umfassenden Sinne wäre demnach, alle diese Aspekte unter Kostengesichtspunkten zu erfassen, durchzurechnen und damit Daten für die Steuerung von Optimierungsprozessen zu liefern.

*5. These: Ein wesentliches Ziel von Controlling ist, Überwachung von **Aufwendungen** in die Überwachung von **Verschwendungen** zu verwandeln, indem Mechanismen geschaffen werden, die verschwendungsträchtige Kosten transparent und dadurch steuerbar machen.*

Es führt also nur zur Begriffsverwirrung, wenn neuerdings alle neu eingeführten Formen der Mittelverwaltung „Controlling" genannt werden. Vielmehr können sachgerecht nur solche Formen der Mittelverwaltung damit bezeichnet werden, die zwei Bedingungen erfüllen: Sie müssen

– erstens einen klaren Bezug zu spezifischen gewünschten Ergebnissen, Tätigkeiten und Zuständen (Output) herstellen und

– zweitens dafür Daten zur Steuerung im Sinne einer Vermeidung von Verschwendungen liefern.

Damit ist zugleich deutlich, daß Verfahren der Deckelung von Ausgaben und Controlling zwei gänzlich verschiedene Dinge sind. Deckelung von Ausgaben ist zwar – wenn sie durchgesetzt wird – zweifellos das einfachste und wirkungsvollste Mittel der Kostenkontrolle. Aber ihr Prinzip ist die Kontrolle des „Inputs" unter Vernachlässigung der Folgen für den „Output". „Deckelung" heißt wesentlich, die zugelassenen Kosten z. B. eines Dienstes *unabhängig* von den dann noch möglichen Leistungen zu bestimmen, während Controlling immer aus Versuchen besteht, das *Verhältnis* von Kosten und Leistungsqualitäten zu optimieren. Deckelung kommt deshalb grundsätzlich ohne fachliche Kriterien aus, während Controlling ebenso grundsätzlich darauf angewiesen ist, über fachliche Kriterien als Meßgrößen zu verfügen. Ohne diese Voraussetzung haben die Steuerungsinstrumente eigentlich nichts zum Steuern. Sie können dann im wahrsten Sinne des Wortes nicht greifen. Umgekehrt aber gilt: Controlling hat überhaupt nur dort Sinn, wo die Instanzen und Entscheidungsträger der finanziellen Kontrolle bereit sind, fachliche Qualitätskriterien ernst zu nehmen und auf Kostensteuerung nach rein externen Kriterien zu verzichten.

2.2 Effizienz, Effektivität, Produktbeschreibungen, Ergebnisse, Messgrössen, kritische Erfolgsfaktoren

Um das Verhältnis von Controlling und Fachlichkeit weiter zu klären, ist es zunächst notwendig, sich über eine Reihe weiterer Begriffe zu verständigen, die in diesem Zusammenhang eine Rolle spielen. Ich beginne mit den Begriffen Effektivität und Effizienz, deren Verbesserung bekanntlich Sinn und Zweck des ganzen ist. Ich definiere beide Begriffe zunächst mit einer Formel, die ich von einem Industrieberater gelernt habe:

*6. These: Effektivität ist zu definieren als Antwort auf die Frage: Machen wir die **richtigen Dinge**? (Und lassen die falschen/überflüssigen weg). Effizienz dagegen ist Antwort auf die Frage: Machen wir die richtigen Dinge **richtig**? (d. h. auf möglichst sparsame, unaufwendige Weise).*

Die Antwort auf die erste dieser Fragen ist nun allerdings in der Jugendhilfe eine höchst schwierige Angelegenheit, anders als etwa in der privaten Wirtschaft. Dort liefert diese Antwort im wesentlichen der Kunde, bzw. der Erfolg am Markt. „Richtige Dinge" sind ganz einfach Dinge bzw. Produkte, die diesen Erfolg *haben*. Der Markt als Steuerungsmechanismus bildet hier gewissermaßen selbst das umfassendste Controllingsystem, sofern er Mißmanagement mit Mißerfolg bestraft. Eben deshalb kann sich das *geplant* eingesetzte Controlling auch ganz auf die Analyse des Marktes, der Kundenwünsche und andererseits auf das *Wie*, auf die richtige d. h. effizienteste Art der Produktion beschränken. Sein Zweck ist eigentlich immer nur, jenem Bestraftwerden durch den Markt vorzubeugen. Etwas komplizierter, aber noch einfach genug ist das in den Bereichen des öffentlichen Dienstes, die relativ einfach auf das Marktmodell, d. h. auf die Orientierung an jeweiligen Kundenbedürfnissen umgestellt werden können (z. B. öffentliche Bäder, Bibliotheken, Krankenhäuser, Einwohnermeldeämter etc.). Sie sind effektiv, wenn es trotz knapper Mittel gelingt, das Angebot so attraktiv zu machen, daß die Kundschaft strömt und zufrieden ist und ihrerseits bereit ist, zumindesten teilweise die Kosten mit zu tragen. Daraus lassen sich Vergleichsdaten gewinnen, die Effektivität auch ein Stück weit meßbar machen.

Wer aber ist Kunde der Jugendhilfe? Ist es die Kommune, die für ihre Leistungen als Träger zahlt? Sind es die Steuerzahler, die dafür aufkommen? Sind es für je konkrete Leistungsprioritäten die jeweiligen Mehrheiten der Kommunalparlamente und Jugendhilfeausschüsse, die darüber beschließen? Sind es die Adressaten der Jugendhilfe? Und wenn ja, sind es die i. S. des KJHG „Leistungsberechtigten" (Eltern), die Ansprüche auf Jugendhilfe haben, oder die Kinder und Jugendlichen, die davon profitieren sollen? Oder ist es die Öffentlichkeit der braven Bürger, die wünscht, sich um die Grundbedürfnisse derer, die sich nicht selbst helfen können, nicht kümmern zu müssen, die den Anspruch hat, vor den Untaten gewisser Kinder und Jugendlichen verschont zu bleiben und daran die Effektivität der Kinder- und Jugendhilfe mißt? Oder sind es, weil dies alles so schwer auf einen Nenner zu bringen ist, am Ende doch die Fachleute, die Leistungserbringer selbst, die im Sinne professioneller Autonomie allein beurteilen können, welche ihrer Leistungen als effektiv zu gelten haben? Man sieht aus dieser Frageliste: Es ist in der Jugendhilfe für die Klärung ihrer Effektivität noch nicht sehr viel gewonnen, wenn man Kundenorientierung, Angebotstransparenz oder „Kontraktmanagement" (vgl. KGSt 19/1992, bes. S. 42 ff.) zwischen Leistungsanbietern und -Abnehmern fordert, ohne zu klären, wie man die dabei jeweils ausgeschlossenen „Kundschaften" zufrieden stellt. Die Effektivitätsmaßstäbe z. B. von Jugendeinrichtungen einer Stadt *nur* an den Freizeitbedürfnissen jeweiliger Besuchergruppen oder *nur* an den Ruhebedürfnissen anwohnender Bürger zu messen, wäre das, was man im Zivilrecht einen „Vertrag zu Lasten Dritter" nennt. Und der ist bekanntlich sittenwidrig (vgl. auch Kap. 7 und 8 i. d. Band).

*7. These: Die Frage nach der Effektivität der Jugendhilfe ist deshalb sehr schwer zu beantworten, weil Effektivität letztlich immer im Verhältnis zu den Interessen einer **Kundschaft** gemessen wird. Jugendhilfe aber hat nicht nur eine sondern mehrere „Kundschaften" mit z. T. gegensätzlichen Interessen.*

Andere Schwierigkeiten der Effektivitätsmessung können hier nur angedeutet werden. So hat Jugendhilfe nur einen nachrangigen, unterstützenden Auftrag, insbesondere hinsichtlich der Rechte und Pflichten von Eltern, was bedeutet, daß Jugendhilfe gerade dort effektiv ist, wo es ihr gelingt, sich entbehrlich zu machen; indem sie nämlich erreicht, daß die Eltern, die Kinder eigene Anstrengungen unternehmen, selbst zurecht kommen. Soll sich Jugendhilfe dann das, was ihre Adressaten selbst schaffen, als Effektivitätsnachweis an den Hut stecken? Wie in den Kapiteln über Produktbeschreibungen für „Beratung" und „Jugendarbeit" dargestellt wird, kann dies ein Selbstbetrug sein. Und doch ist das, was unauffällig, gleichsam im Vorbeigehen und bei Gelegenheit an Unterstützung passiert, oft die effektivste Form der Jugendhilfe. Um hier aber konkrete Nachweise der Effektivität einer „lebensweltorientierten" Jugendhilfe zu bekommen, wäre erheblich mehr an adressatenbezogener Forschung nötig, als sie die deutsche Sozialpädagogik – anders als etwa die englische – bisher erbracht hat.

8. These: *Die Jugendhilfe weiß nicht genug über ihre Adressaten und übrigen „Kundschaften" um ihre Effektivität hinreichend prüfen zu können.*

Weil mit dem Hinweis auf solche Schwierigkeiten die Diskussion leicht abgewürgt werden kann, ist vielleicht verständlich, weshalb die ganze neue Steuerungsdebatte die *Effektivitätsfrage* (also die Frage, welche wünschbaren Wirkungen hat Jugendhilfe?) beiseite läßt und sich fast ausschließlich mit der *Effizienzfrage* beschäftigt: D. h. es wird *vorausgesetzt*, daß Jugendhilfe schon die richtigen Dinge macht und nur noch fragen muß, wie sie diese effizienter, kostengünstiger erbringen kann. Dafür ist nun der Begriff des Produktes bzw. der Produktbeschreibung, der i. d. R. auch mit „Output" gleichgesetzt wird, Schlüsselbegriff. Was diese Begriffe für die Aufgabe der Steuerung leisten, bedarf einer genaueren Betrachtung. „Outputorientierte Steuerung bedeutet, die Planung, Durchführung und Kontrolle des Verwaltungshandelns strikt an den beabsichtigten und tatsächlichen Ergebnissen auszurichten". So definiert der KGSt Bericht „Output-orientierte Steuerung in der Jugendhilfe" im ersten Satz, worum es geht (KGSt 9/1994, S. 7) . „Output" wird in diesem Bericht mit „Ergebnis" oder auch „Leistungen" gleichgesetzt, worüber nicht weiter diskutiert wird. Tatsächlich wird aber im ganzen Bericht der Begriff des Produktes nur noch auf „Leistungen", Dienstleistungen bezogen, nicht aber auf erwünschte Ergebnisse, die diese Leistungen haben sollen. Die bleiben außer Betracht.

Dies ist auch verständlich und ein Stück weit unvermeidlich. Denn wenn man die Annahme teilt, daß „steuern" voraussetzt, in irgend einer Weise das zu Steuernde zu *messen,* – was ja Zweck der sogenannten Produktbeschreibungen ist – dann ist klar: Dies ist schwierig genug, wenn man nur zu messen versucht, was Jugendhilfe *tut,* und wie effizient sie das tut, aber immer noch einfacher als wenn man zu messen versucht, was sie tatsächlich für ihre diversen Kundschaften *bewirkt.* Denn ihr Bewirken kann – wie ebenfalls bei der Diskussion einzelner „Produkte" der Jugendhilfe noch deutlicher wird – ohnehin nur ein Mitwirken sein. Die Begrenzung der Fragestellung auf die Effizienz ist also legitim, wenn sie offen geschieht. Illegitim scheint mir allerdings, wenn unter der Hand so getan wird, als gäben Produktbeschreibungen schon die Möglichkeit, tatsächlich die *Effektivität* von Jugendhilfe zu messen. Die Gefahr dabei ist erstens, daß die Fixierung auf die Effizienz gerade der teuren, öffentlich sichtbaren, gut „verkaufbaren" Leistungen andere, unaufwendige, wenig planbare, unspektakuläre aber faktisch effektive Leistungen aus dem Blick geraten läßt.

Die zweite Gefahr ist, daß die Verbesserung der Effizienz zu Lasten der Effektivität geht, z. B. wenn die Personalmeßzahlen so eng geplant werden, daß sie nur mit ständigem Personalwechsel und dementsprechenden pädagogischen Substanzverlusten eingehalten werden können. Diese Gefahr ist aber schon in einer naiven Anwendung des ökonomischen Modells selbst angelegt. Wenn man z. B. ohne weiteres Nachdenken nach dem Grundsatz verfährt: „Soziale Arbeit muß als normaler Kaufvertrag zwischen Helfer und Hilfesuchendem verstanden werden" (Drude 1994, S. 144), dann unterschlägt man nicht nur das o. g. Problem des „Vertrags zu Lasten Dritter". Man vergißt auch, daß beim eigentlichen Prozeß der Hilfeleistung selbst Adressaten keine Kunden, sondern „Koproduzenten" sind (vgl. Kap. 3, 6 und 8, Müller 1997), deren Produktivkraft unterschlagen wird, wenn sie nur als „Käufer" und „Konsumenten" behandelt werden.

9. These: Die aktuelle Diskussion über neue Steuerungsmodelle und Produktbeschreibungen verzichtet weitgehend auf Effektivitätskontrolle zugunsten einer Effizienzkontrolle. Dies ist nur dann legitim, wenn vermieden werden kann, daß die Effektivitätfrage aus dem Blick gerät oder daß Effizienz zulasten von Effektivität geht.

Unstrittig ist, daß es beim Messen von Leistungen oder beim Produktbeschreiben nicht um Selbstzwecke, sondern ums Steuern geht. Deshalb ist die Frage, was eigentlich *sinnvolle* Produktbeschreibungen sind, damit noch nicht beantwortet, daß man Jugendhilfeleistung in eine quantifizierbare Form bringt. Es ist wichtig, sich klar zu machen, daß in praktischer Hinsicht Begriffe wie „Produkte" oder „Produktgruppen" nicht einfach andere Worte sind für „Leistungen" oder „Ergebnisse" oder „Output". Natürlich kann man das so verstehen. Aber dann verzichtet man darauf, mit Hilfe des Begriffs der Produktbeschreibung ein Steuerungsinstrument in die Hand zu bekommen, das auf diesen Zweck der Steuerung auch zugeschnitten ist. Deshalb sind „Produktbeschreibungen", also *inhaltlich bestimmte* Füllungen des Produktbegriffes, folgendermaßen zu definieren:

*10. These: Produktbeschreibungen sind pragmatisch zu entwickelnde d. h. zu definierende **Steuerungsinstrumente** für die Erfassung und Bewertung von Leistungen im Verhältnis zum Aufwand, den sie erfordern.*

Ein verbreitetes Mißverständnis ist, daß es bei „Produktbeschreibungen" um all das gehe, was Jugendhilfe oder ein bestimmter Dienst eben so macht. Als Steuerungsinstrument wären aber Produktbeschreibungen, die *alle* erbrachten Leistungen auflisten, vollkommen unbrauchbar. Vielmehr sollen die Beschreibungen von „Produkten", und „Produktgruppen" nur die Informationen enthalten, welche die jeweils steuernde Ebene – die KGSt unterstellt, daß dies die jeweils nächst höhere sei – „routinemäßig" bekommen muß, um im Sinne einer Verbesserung der Leistungen steuern zu können (vgl. KGSt 9/1994, S. 17 f.) D. h. zugleich, daß alle Informationen, die für *diesen Zweck* nicht notwendig sind, nicht in die Produktbeschreibungen eingehen, folglich auch nicht Gegenstand von Controllingprozessen werden können, sondern bei denen verbleiben, die die jeweiligen Leistungen erbringen[3]. Dies gilt zugleich für die Informationen, welche

---

[3] Sieht man die dem KGSt Bericht 9/94, S. 93 ff. als Praxisbeispiel angefügte Produktbeschreibung (Produktdatei) eines Kinder- und Jugendhauses in Münster an (vgl. Kap. 8 i. d. Band), so kann man Zweifel bekommen, ob die KGSt Experten diesen Grundsatz sorgfältig genug durchdacht haben. Denn hier werden derart viele und detaillierte Daten abgefragt, daß schwer vorstellbar ist, wie damit noch irgend etwas gesteuert werden kann.

die Verwendung der für die Einzelleistungen notwendigen Mittel betreffen. Nur wenn der für Steuerungszwecke notwendige Informationsfluß (z. B. „Verwendungsnachweise") reduzierbar wird, kann man von Controlling Rationalitätsgewinne erhoffen. Es geht dabei immer zugleich um eine Optimierung dezentraler Verantwortung, sowohl hinsichtlich der Sache, als auch hinsichtlich der dafür notwendigen Ressourcen. „Dezentrale Ressourcenverantwortung" (wie immer sie im einzelnen verstanden wird) gehört insofern zum Controlling bzw. zur Outputorientierten Steuerung notwendig dazu. Denn Steuerung wird verunmöglicht, wenn zuviel Informationen dabei verarbeitet werden müssen. Eine der wirkungsvollsten Strategien, vorgesetzte Ebenen am Steuern zu hindern, ist deshalb, sie mit Informationen zu überschütten. Daraus folgt die nächste These.

*11. These: Steuerung durch Produktbeschreibungen kann nur funktionieren, wenn die darin einfließenden **Informationen** so **gering** gehalten werden, wie es möglich ist, ohne den Steuerungszweck zu gefährden.*

Diesen besonderen Zweck der Produktbeschreibung als Steuerungsinstrument sich immer wieder klar zu machen ist deshalb sehr wichtig, weil eine starke Tendenz besteht, neuerdings einfach alles, was die Jugendhilfe so macht, „Produkte" zu nennen, offenbar in der Meinung, wenn man nicht mehr „Hilfe", sondern „Produkt" sagt und dann auch noch schön in Produktgruppen einteilt, dann habe man an sich schon was für's Controlling und damit für's Sparen getan. Alles Mögliche, nur keine Spareffekte entstehen, wenn sogenannte Controller durch die Ämter ziehen, die unterschiedslos aus allem, was dort Mitarbeiter und Mitarbeiterinnen tun, möglichst schnell Listen von „Produkten" machen. Es bringt auch nichts, die Aufstellung der entsprechenden Haushaltstitel dann „Controlling" zu nennen, statt deutlich zu machen, daß brauchbare Produktbeschreibungen nur entstehen können, wenn sie von den Beteiligten gemeinsam erarbeitet werden und sich auf wenige strategische Punkte konzentrieren. Andernfalls kann man mit ziemlicher Sicherheit davon ausgehen, daß es sich nicht um wirkliches Controlling handelt, sondern darum, mal wieder des Kaisers neue Kleider zu weben.

Die Reduzierung der in Produktbeschreibungen zu vermittelnden Informationen über jeweilige Jugendhilfeleistungen auf das zu Steuerungszwecken unbedingt erforderliche Maß und die *gleichzeitige* Verbesserung von Bedingungen der Selbstregulierung sind also zwei Voraussetzungen für funktionierendes Controlling. Die dritte Voraussetzung aber ist, daß die Informationen, die in die Produktbeschreibung einfließen, tatsächlich die *maßgeblichen* Faktoren erfassen, welche über die Qualität des Produktes entscheiden. Man spricht hier von sogenannten „kritischen Erfolgsfaktoren". Wohlgemerkt: da nach derzeitigem Entwicklungsstand der Steuerungsmodelle in der Jugendhilfe in Produktbeschreibungen nur Leistungen der Jugendhilfe, nicht aber deren erwünschte Wirkungen erfaßt werden können, handelt es sich bei diesen „kritischen Erfolgsfaktoren" zunächst um Meßgrößen für die *Effizienz* der Leistungserbringung. Meßgrößen für die *Effektivität*, also für die guten *Wirkungen* dieser Leistungen sind damit noch nicht genannt und davon zu unterscheiden. Aber schon die kritischen Erfolgsfaktoren für effizientere Arten, Jugendhilfeleistungen zu erbringen, sind *fachlich* zu klärende Kriterien. Sie werden nicht von den operativen Verfahren des Controlling gleichsam mitgeliefert, sondern müssen geklärt werden, *ehe* diese Verfahren wirksam ansetzen können. Was mit solchen Erfolgsfaktoren inhaltlich gemeint sein kann, wird im folgenden Kapitel am Beispiel der „Hilfen zur Erziehung" diskutiert. Als Schlußthese zum bisherigen Gang der Argumentation ist festzuhalten:

12. These: Produktbeschreibungen können nur dann als Steuerungsinstrumente funktionieren, wenn sie die **„kritischen Erfolgsfaktoren"** *für die Effektivität und Effizienz von Leistungen erfassen.*

3 Fachgerechtes Controlling der Jugendhilfe und das Problem der „Kritischen Erfolgsfaktoren" am Beispiel „Hilfen zur Erziehung"

Die bisherigen Überlegungen haben gezeigt: Es sollte, wenn es wirklich um Effizienz- und Effektivitätssteigerungen geht, bei der Einführung von „Neuen Steuerungsmodellen" und „Produktbeschreibungen" weniger darauf geachtet werden, ob gleichsam „flächendeckend" beschreibbar wird, was Jugendhilfe tut. Wichtiger wäre, die Bereiche herauszufinden, in denen Umsteuern besonders nötig und zugleich möglich ist. Ginge es um die Steuerung der Jugendhilfe ganz allgemein, so wäre – wie schon erwähnt – als erstes an andere Verfahren als „Produktbeschreibungen", insbesondere an die gesetzlich (§ 80 KJHG) vorgeschriebene Jugendhilfeplanung und ihre Verfahrensbestimmungen zu denken. Der Vorteil des Verfahrens der „Produktbeschreibung" könnte aber gerade darin liegen, Einzelbereiche, die aus irgendwelchen Gründen in besonderem Maße vor die Frage nach dem Verhältnis von Ergebnis, Aufwand und Ressourcen stellen, herauszugreifen und einer besonderen Überprüfung zu unterziehen.

Ein Bereich, der sich hier anbietet, sind zweifellos die „Hilfen zur Erziehung" nach § 27 ff. KJHG. Sie spielen auch faktisch, vor allem aus finanziellen Gründen, in der Diskussion über Steuerung und Controlling eine besondere Rolle[1]. Es geht dabei bekanntlich, laut KJHG, um das Ziel, Hilfe zu einer „dem Wohl des Kindes oder des Jugendlichen entsprechende(n) Erziehung" zu gewährleisten, falls die Hilfe dafür „geeignet und notwendig" ist. Geht man von dieser Zieldefinition samt ihren präzisierenden Verfahrensbestimmungen aus (Orientierung am Einzelfall, Einbeziehung des sozialen Umfeldes (§ 27, 2), Wunsch und Wahlrechte (§ 5), Hilfeplanung (§ 36) etc.) so ist offenkundig, daß

---

[1] Z. B. wird in einem Projekt der Landeshauptstadt Kiel zur „Einführung einer outputorientierten Steuerung der Jugendhilfe" ausdrücklich die „Reduzierung von Jugendhilfe durch den Ausbau von ambulanten und präventiven Maßnahmen" im Bereich „Hilfen zur Erziehung" als Gegenstandsbereich gewählt, u. a. weil hier die Kosten der stationären Unterbringung von 1985 bis 1993 von 11 auf 19 Mio. DM gestiegen sind. (Landeshauptstadt Kiel Jugendhilfeprojekt, Zwischenbericht Aug. 1994, S. 4)

der Gesetzgeber, in Einklang mit der Fachdiskussion, einerseits die Interventionen so gering, so niedrigschwellig, so sehr auf Eigeninitiative und Selbstbestimmung der Klienten bauend wie möglich halten möchte, andererseits aber sicherstellen möchte, daß dort, wo die Nützlichkeit und Notwendigkeit von Hilfe erwiesen ist, auch ein verbindlicher Anspruch darauf besteht. Im Sinne der im vorigen Kapitel gegebenen Definition von effektiv und effizient könnte man sagen: Die eine Seite, die reflektierte Begrenzung der Intervention, betrifft ihre Effektivität, die andere Seite, die verbindliche Gewährleistung, betrifft ihre Effizienz. Das Beispiel der Hilfen zu Erziehung zeigt allerdings, daß beides nur gedanklich, aber nicht praktisch voneinander getrennt werden kann.

3.1 Ein Schema für „Erfolgsfaktoren" von Hilfen zur Erziehung

Was bedeutet dies für die Entwicklung von Produktbeschreibungen mit Steuerungsfähigkeit? Die KGSt-(Bericht 9/1994, S. 22 ff., s. Anhang), teilt diesen Leistungsbereich, offenkundig angelehnt an herkömmliche Gliederungen des Jugendamtes, in 2 „Produktbereiche" ein: familienergänzende und familienersetzende Hilfen (vgl. hierzu auch Kapitel 6), und gliedert diese wiederum in mehrere „Produktgruppen" mit insgesamt 30 „Produkten". Ich möchte demgegenüber hier zunächst von einer einzigen Leistungsart bzw. einem „Produkt" sprechen. Nämlich von einer Leistung, die darin besteht, in Fällen, in denen eine „dem Wohl des Kindes oder des Jugendlichen entsprechende Erziehung nicht gewährleistet ist", über eine „für seine Entwicklung geeignete und notwendige Hilfe" zu entscheiden und die Ausführung dieser Hilfe zu gewährleisten. Ich schlage dies aus zwei Gründen vor. Zum einen wegen des schon oben angedeuteten Leitgedankens eines „strategischen Controlling": Es hat demzufolge wenig Sinn, Einzelelemente eines Systems steuern zu wollen, wenn die Idee fehlt, wie das Ganze zu steuern sei. Dies bedeutet, daß immer zuerst die Funktionserfordernisse der übergeordneten Einheit geklärt sein müssen, ehe geklärt werden kann, wie, durch wen und für wen die nachgeordneten Teilfunktionen zu kontrollieren sind. Der zweite, damit zusammenhängende Grund ist: Ich sehe bei der Systematik des KGSt-

Berichts die Gefahr, daß damit die herkömmliche Einteilung der Leistungsarten in ambulante und stationäre (und diese wiederum in die speziellen Dienste der Beratung, Erziehungsbeistandschaft, Sozialpädagogischen Familienhilfe, Pflege, Heimerziehung etc.) eher festgeschrieben als flexibilisiert wird. Denn die Einteilung legt nahe, daß die historisch gewachsene und in den §§ 28 ff. KJHG codifizierte Palette der Einzelmaßnahmen zur Bewältigung der in § 27 beschriebenen Aufgabe als *Grundlage* des Controlling zu betrachten ist, *statt daß das Verhältnis der Maßnahmenarten zueinander auf seine Wirkungen für Effizienz und Effektivität hin geprüft wird.* Dies wäre aber notwendig, wenn z. B. so gesteuert werden soll, daß ambulante und präventive Maßnahmen an die Stelle von stationären treten können.

*1. These: Die Einteilung der Jugendhilfe in Produkte und Produktgruppen stellt schon die Weichen für mögliche Steuerung. Orientiert sie sich an den herkömmlichen Einteilungen der Leistungsarten, so wird sie Steuerungseffekte nur **innerhalb** einzelner Leistungsarten (z. B ambulanten oder stationären Maßnahmen) aber nicht **zwischen** den Leistungsarten wahrscheinlich machen.*

Wie ist es nun möglich, das Gesamtprodukt „Hilfen zur Erziehung" so zu beschreiben, daß die von der steuernden Instanz „routinemäßig" zu erfassenden Informationen (vgl. oben Kap. 2) auf ein handhabbares Minimum beschränkt bleiben, gleichwohl aber die wichtigsten „kritischen Erfolgsfaktoren" darin enthalten sind? Ich versuche im folgenden einen Vorschlag dafür zu machen. Ich meine nicht, damit den Generalschlüssel zum Controlling der Erziehungshilfen zu liefern. Es geht nur darum, verständlich zu machen, wie eine fachlich akzeptable und auch den Vorgaben des KJHG entsprechende Grundlage für das Controlling von „Hilfen zur Erziehung" aussehen könnte. Ich unterstelle also, daß sich fachlich Einigkeit über folgende These herstellen läßt:

2. These: Es sind 5 „Kritische Erfolgsfaktoren" für „Hilfe zur Erziehung" anzunehmen:
*1. Die **Intensität** (der Zeitaufwand), welche MitarbeiterInnen für die Betreuung der Einzelfälle zur Verfügung haben (m. a. W. der Personalschlüssel).*

*2. Die fachliche **Kompetenz** der MitarbeiterInnen, die sie instand setzt, die im Einzelfall geeigneten und notwendigen Hilfen zu ermitteln, zu vermitteln und zu erbringen.*

*3. Die **Attraktivität** und der faktische Nutzen, welche die sächlichen Leistungen von „Hilfe zur Erziehung" für ihre Adressaten bereitstellen (z. B. Schutz vor Übergriffen, Wohnraum, Freizeit- und Bildungsangebote, Chancenvermittlung).*

*4. Die **Aktivierung** und Unterstützung eigener Beiträge der Klientenseite (der Leistungsberechtigten wie der Kinder und Jugendlichen selbst) um einen „Hilfe zur Erziehung" notwendig machenden Zustand zu überwinden.*

*5. Die Mobilisierung und Unterstützung der **Ressourcen** des „engeren sozialen Umfeldes" der Adressaten zur Bewältigung bzw. Überwindung jenes Zustandes.*

Um sich die praktische Bedeutung dieser Faktoren zu vergegenwärtigen, führe man sich einen beliebigen Einzelfall einer „längerfristigen Hilfe zur Erziehung", z. B. eine fremdplazierende Maßnahme vor Augen[2].

Unabhängig davon, ob man dabei auf den Leistungsbereich der Entscheidungsfindung (= Hilfeplanung) oder auf den Leistungsbereich

---

[2] Zur Illustration eine Fallgeschichte, die ein Student aus dem Praktikum in einer sozialtherapeutischen Kindergruppe in meinem Seminar berichtet hat. Ich habe sie als Beispiel gewählt, weil sie einen Fall zeigt, in dem ganz unterschiedliche „Hilfen zur Erziehung" (soziale Gruppenarbeit, sozialpädagogische Familienhilfe, Pflegefamilie) ausprobiert werden, die alle nicht zu helfen scheinen. Die Fallgeschichte läßt offen, in welchem Ausmaß dabei jene Erfolgsfaktoren ausgelotet wurden. Der Fall wird in der Perspektive eines Zeitpunktes berichtet, an dem alle Variationen des weiteren Fortgangs, von Resignation und Rückzug der Helfer, bis zu massiver Intervention mit Sorgerechtsentzug etc. denkbar erscheinen. Eben deshalb scheint er mir zur Illustration des hier zu diskutierenden Problems besonders geeignet.
„In einer Kleingruppe von 5 Kindern lernte ich einen 11jährigen türkischen Jungen kennen. Er machte meist einen traurigen Eindruck, redete nicht viel und zog sich oft in eine Ecke zurück und fing an zu weinen. Mit der Zeit erzählte er immer häufiger von seiner Familie, daß er dort nicht mehr leben wolle, weil er von seinem Vater verprügelt wird. Die Eltern waren dem Jugendamt durch ihre Übergriffe auf ihre Kinder schon bekannt. Zur Bewältigung der gesamten Lebenssituation und um eine Fremdunterbringung zu vermeiden, war eine Familienhelferin in der Familie tätig. Die Arbeit mit den Eltern erwies

der Durchführung der Hilfe blickt, wird man für eine effiziente Leistungserbringung diese fünf Faktoren in Rechnung stellen müssen. D. h., ob eine „gute", nämlich effiziente „Hilfe zur Erziehung" erarbeitet werden kann, hängt davon ab

– ob die zuständigen Kräfte genügend Zeit für den Fall zu Verfügung haben
– ob sie genügend qualifiziert sind bzw. genügend fachliche Unterstützung haben
– ob die erbrachten Leistungen aus Sicht der Anspruchsberechtigten bzw. der Kinder oder Jugendlichen erkennbare Attraktivität bzw. Nutzen aufweisen können
– ob die Leistungen darauf gerichtet und geeignet sind, Veränderungen und Selbsthilfeprozesse bei den Adressaten zu unterstützen
– und schließlich Verbesserungen ihres sozialen Umfeldes in Gang zu setzen und Ressourcen dafür in diesem Umfeld zu erschließen.

Man sollte sich diese fünf Faktoren als wechselseitig auf einander bezogene und einwirkende Faktoren vorstellen, was im folgenden Schema dargestellt wird:

---

sich als schwierig. Zum einen gab es Verständigungsprobleme mit den türkischen Eltern, zum andern wurden große Unterschiede in der Auffassung von Erziehung deutlich. Als die „Hilferufe" des Jungen immer lauter und deutlicher wurden und das Gesundheitsamt Mißhandlungen am Körper feststellen konnte, kam das Kind in eine Pflegefamilie. Der Aufenthalt dort war allerdings nur von kurzer Dauer. Nach ein paar Wochen wollte der Junge unbedingt zurück zu seinen Eltern, was auch geschah. Am Zustand des Jungen hat sich nicht viel geändert. Er macht weiterhin einen traurigen Eindruck, zieht sich oft zurück und weint häufig."

Schema der Erfolgsfaktoren für „Hilfen zur Erziehung"

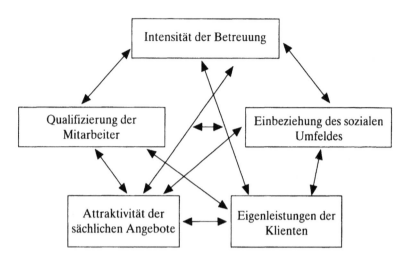

Will man aus diesen Gesichtspunkten Maßstäbe der Überprüfung von Effizienz und Effektivität machen, so kommt es vor allem auf das Verhältnis dieser Faktoren zueinander an. Zunächst ist festzuhalten, daß es bei allen genannten Faktoren um Kriterien für die *von der Jugendhilfe* erbrachten Leistungen geht. Auch bei den Faktoren 4 und 5 handelt es sich hier nicht um die Wirkung der Beiträge, den die „Selbsthilfepotentiale" der Adressaten und ihrer Umwelt für eine erfolgreiche „Hilfe zur Erziehung" erbringen, sondern um die Jugendhilfeleistungen (vor allem die Arbeit der Mitarbeiter und Mitarbeiterinnen), welche jeweils nötig sind, um solche Potentiale wirksam (und damit die Jugendhilfe effektiv) werden zu lassen. Am Beispielfall (Anm. 2) könnte man leicht zeigen, weshalb hier die Verknüpfung von Hilfe mit solchen Selbsthilfepotentialen besonders schwierig ist.

Zweitens ist offenkundig, daß diese Faktoren nicht isoliert voneinander wirksam sind, sondern in Wechselwirkung zueinander stehen: Die Attraktivität der sächlichen Leistungen ist z. B. offenkundig abhängig von der Zeit und der fachlichen Kompetenz der Mitarbeiter, wie umgekehrt sich auch die intensivste und kompetenteste Betreuung schwer tut, wenn sie keine attraktiven Lebensbedingungen und -perspektiven zu schaffen vermag. Diese Wechselwirkung wird in dem o. g. Schema in einer Matrix dargestellt, in der jeder der Faktoren mit jedem anderen verbunden ist. Dabei kann diese Wechselwirkung sowohl von positiver (stützender), als auch negativer (die Hilfewirkung schwächender) Art sein.

Drittens aber – und hier setzen die Steuerungsfragen ein – ist ebenso offenkundig, daß in der Praxis der „Hilfen zur Erziehung" diese Faktoren nicht als gleichwertige behandelt werden. Jedenfalls sind sie im Blick auf die Ressourcen nicht gleichwertig. Die Aufwendungen, die gemacht werden, um die einzelnen Faktoren wirksam werden zu lassen, sind vielmehr höchst unterschiedlich. So ist z. B. offenkundig, daß für die Pflegesätze Personalkosten und Betreuungsschlüssel in aller Regel sehr viel heftiger zu Buche schlagen als z. B. die Finanzierung von Wohnraum oder die Subventionierung von Unterstützungsformen aus der Nachbarschaft. Bei den Zeitaufwendungen und den Qualifizierungskosten für MitarbeiterInnen hat die pädagogische Betreuung (und ihre Supervision) einen weit höheren Stellenwert als Zeitaufwendung und Qualifizierung für das Einbeziehen des „sozialen Umfeldes". Damit ist nicht gesagt, daß solche Ungleichgewichte zwischen den Faktoren grundsätzlich illegitim seien. Wohl aber müssen sie begründet und gerechtfertigt und, wo dies nicht möglich ist, reduziert werden. Daraus folgt eine weitere These.

3. These: Im praktischen Umgang mit den kritischen Erfolgsfaktoren für „Hilfen zur Erziehung" wird mit sehr unterschiedlichem Maß gemessen. Einige, insbesondere der Personal-Zeit-Aufwand, werden als entscheidende Kostenfaktoren behandelt, während andere, insbesondere die Selbsthilfeunterstützung, zwar als grundsätzlich wichtig, aber weit weniger als controlling-relevante Größen beachtet werden.

Was hieße nun, diese Erfolgsfaktoren als effektivitäts- und effizienzrelevante Größen zu behandeln? Dabei ist davon auszugehen, daß es bei jedem Erfolgsfaktor ein „zuwenig" und ein „zuviel" geben kann, das wiederum auf die anderen Faktoren zurückwirkt. So kann es z. B. sein, daß ein „Zuviel" an Betreuung sich negativ auf die Bereitschaft von Jugendlichen auswirkt, selbst ihre Probleme mit anzupacken. Zuwenig an Aufwand um das „engere soziale Umfeld" zu erkunden und z. B. Nachbarn in Lösungen einzubeziehen, oder mangelnde Spielräume, dafür auch materielle Ressourcen einzusetzen, kann sehr kostenträchtige Folgen (z. B. vermeidbare Fremdplazierungen) nach sich ziehen. Damit ist nicht behauptet, daß man exakte Maßstäbe für das „gerade richtig" relevanter Erfolgsfaktoren setzen kann. Es ist nur behauptet, daß die Unterbewertung eines solchen Faktors genauso eine „Verschwendung" – die dann den Anschein des Unvermeidbaren erhält – bedeuten kann, wie die Überbewertung.

4. These: Erfolgreiche Steuerung des Mitteleinsatzes für Hilfen zur Erziehung (Controlling) setzt Vorstellungen über ein angemessenes **Verhältnis der Kosten** *voraus, die für einzelne Erfolgsfaktoren zu veranschlagen sind.*

Da nun keine Umsteuerung und kein Controlling möglich ist, wenn nicht gerade innerhalb der Diskussion *fachlicher* Prioritäten *auch* über Geld geredet wird, ist davon auszugehen, daß die Bewertung von Erfolgsfaktoren nur Sinn hat, wenn sie angesichts der Realität begrenzter Budgets geschieht. D. h. „zuviel" oder „zuwenig" bedeutet hier immer ein *relatives* Zuviel oder Zuwenig angesichts begrenzter Mittel. Es geht dabei nie um die 100 %ige Optimierung eines „Erfolgsfaktors", sondern immer nur um die Berücksichtigung bis zu dem Grad, an dem ein Erfolgsfaktor den anderen stützt, statt daß das Fehlen des einen Faktors zugleich die anderen beeinträchtigt. Selbst wenn es z. B. im Fall von Fremdplazierungen ganz unmöglich sein sollte, die Kosten der einzelnen Erfolgsfaktoren (wie Betreuungsintensität, Qualität der Unterbringungen etc., Arbeit an der Verbesserung des „engeren sozialen Umfeldes") in ein quantitatives Verhältnis zu bringen, so bleibt doch unbestreitbar, daß alle diese Faktoren wechselseitig aufeinander wirken und keiner davon bis zur Perfektion optimierbar ist. Vielmehr ist eine angesichts knapper Mittel vertretbare Berücksichtigung aller Faktoren gefragt.

Dennoch kommt es offenkundig vor, daß Einzelfälle in der Summe ihrer Erfolgsfaktoren so anspruchvolle, d. h. „teure", Lösungen verlangen, daß ihre Verallgemeinerung zum finanziellen Zusammenbruch führen müßte. Welchen Ausweg gibt es hier aus der schlechten Alternative, entweder solche Fälle einfach ohne fachliche Prüfung von vorn herein auszuschließen, oder aber die Kosten eben zu vernachlässigen? Den Ausweg gibt es nur, wenn diejenigen, die über den „teueren" Fall beschließen, zugleich bereit und in der Lage sind, die finanziellen Folgen zu verantworten, die dies *für andere* Fälle hat.

Dies ist der Punkt, an dem die Einführung von Controllingprozessen und Ressourcenverantwortung möglicherweise den größten Widerstand zu überwinden hat. Denn Fachleute davon zu überzeugen, daß auch sie nicht mehr Geld ausgeben können, als da ist, ist bestimmt nicht einfach. Natürlich gilt dennoch in jedem *einzelnen* Fall, daß die Entscheidung über die Notwendigkeit einer erzieherischen Hilfe *fachlich* getroffen werden muß und nicht als solche vom Geld abhängig gemacht werden kann. Aber die Abhängigkeit vom Geld holt die Fachleute eben doch und gerade dann wieder ein, wenn sie die Verantwortung dafür von sich weisen. Hier hat die Idee der Budgetierung einfach etwas praktisch Vernünftiges.

5. These: Erfolgsfaktoren können nie 100 %ig und in allen Fällen berücksichtigt werden. Vielmehr kommt es darauf an, die besonderen Bedingungen der Einzelfälle, die Erfolgsfaktoren und ein **begrenztes Budget** *in ein angemessenes Verhältnis zueinander bringen.*

Schließlich ist die Frage wichtig, wer über die Gewichtung der Erfolgsfaktoren und über die Gewichtung der dafür einzusetzenden Mittel disponiert. Da keiner dieser Faktoren automatisch wirksam ist, sondern nur über den persönlichen Einsatz der beteiligten MitarbeiterInnen funktionieren kann, ist es unabdingbar, daß die Kriterien der Prioritätensetzung von den Beteiligten akzeptiert sind. Werden sie abgelehnt und nur von oben aufgedrückt, so wird es immer Wege geben, sie zu unterlaufen. Dies heißt natürlich nicht, daß im Einzelfall immer klar und unstrittig sein kann, welche Erfolgsfaktoren wie zum Zug gebracht werden können. Wohl aber muß über die Kriterien, an denen jeweilige Entscheidungen und Maßnahmen evaluiert werden können, Einvernehmen bestehen, wenn wirkliche Steigerungen von Effektivität und Effizienz möglich werden sollen.

6. These: Über Erfolgsfaktoren und Kriterien für Prioritäten muß **Konsens** *bestehen, wenn Steuerung funktionieren soll.*

3.2 Eigenleistungen der Klienten und Einbeziehung des sozialen Umfeldes als „Erfolgsfaktoren" betrachtet. Empirische Anmerkungen

Ich möchte im folgenden die o. g. Faktoren 4 und 5 noch etwas näher betrachten, weil sie eine besondere Gruppe bilden. Sie betreffen ja im engeren Sinn die Mitbeteiligung der „Leistungsberechtigten" sowie der Kinder und Jugendlichen und ihres sozialen Umfeldes, um die es bei den Hilfen zur Erziehung geht. Diese Adressaten sind nicht nur deshalb „zu beteiligen", in ihren Wünschen zu „berücksichtigen", d. h. bei der Hilfeplanung als Mitwirkende und über Annahme oder Ablehnung der Hilfe Entscheidende zu betrachten, weil das in den einschlägigen Paragraphen so steht und ihr Recht ist (vgl. Deutscher Verein 1994). Vielmehr ist diese Mitwirkung ja zugleich derjenige Erfolgsfaktor, der wesentlich über die Effektivität der Hilfen entscheidet. Die große Ratlosigkeit, die Fälle wie der oben (Anm. 2) berichtete gewöhnlich auslösen, hängt wesentlich damit zusammen, daß es hier – insbesondere wegen kultureller Barrieren – nur schwer gelingt, auf die Eigenkräfte der Betroffenen Einfluß zu nehmen, ja sie überhaupt nur richtig einzuschätzen. Gleichzeitig zeigt das Beispiel: Wenn es nicht gelingt, solche Selbsthilfekräfte zu mobilisieren und zu stärken, dann können andere Mittel der Hilfe noch so effizient eingesetzt werden, sie werden nicht effektiver, als schlechte Ersatzlösungen eben sein können. Andererseits zeigt jenes Beispiel auch: Es handelt sich hier, wie schon gesagt, um diejenigen Faktoren, die am wenigsten steuerbar sind, weil an ihnen Jugendhilfe allenfalls ein wenig mitwirken und beeinflussen kann (z. B. durch Unterstützung oder einfach durch respektvolle Behandlung ihrer Klienten) aber nichts eigentlich selber bewirken kann. Schon gar nicht ist diese „Selbsthilfe" der Klientenseite als „Leistung" quantifizierbar und meßbar. Dies rechtfertigt aber keineswegs, sie als Erfolgsfaktor außer acht zu lassen. Wer es doch tut, handelt wie jener Betrunkene im Witz, der seinen im Graben verlorenen Schlüssel unter der Laterne sucht, weil es dort heller ist. Im übrigen kann das, was Jugendhilfe tut oder auch nicht tut, um diesen Faktor einzubeziehen, auch dann überprüft werden, wenn sich die Wirkung der Selbsthilfe selbst der Meßbarkeit entzieht.

Ich möchte hierzu auf eine empirische Untersuchung zur Hilfeplanungspraxis eines Großstadtjugendamtes bezug nehmen, die vor kurzem im Rahmen einer Diplomarbeit an der Universität Hildesheim durchgeführt wurde (Sander 1995). Insgesamt wurden dabei 81 Hilfepläne aus dem Zeitraum von 4 Monaten untersucht. Es handelt sich um ein Jugendamt, das große Anstrengungen unternimmt, um die inzwischen fachlich unstrittigen Standards der Klientenbeteiligung im Hilfeplanungsprozeß (vgl. Schrapper u. a. 1994. Deutscher Verein 1994) auch in der Alltagspraxis des Amtes umzusetzen. Es verwendet dazu ein verbindliches Frageschema, in dem die Sichtweise und Aktivitäten der Klientenseite einen zentralen Stellenwert hat[3]. Die Untersuchung Sanders, die den praktischen Umgang mit diesem Schema in einer Phase der Erprobung des Schemas auswertete, liefert hierzu einige bemerkenswerten Daten.

Zunächst fällt auf, daß die Einbeziehung der Klientenseite in die Hilfeplanung als solche keineswegs selbstverständlich zu sein scheint: Väter waren laut Angaben der Hilfepläne nur in 20 % der Fälle beteiligt, Kinder und Jugendliche in ca. 28 %, Mütter in ca. 52 % der Fälle, während ca. 26 % der Planungen ganz ohne Adressatenbeteiligung abliefen (vgl. Sander, S. 67). Bei Fällen mit Kindern unter 6 Jahren bleiben 62 % ohne Beteiligung der Betroffenen. Dabei sind im gesamten Sample nur 4 Fälle (5 %) zu finden, bei denen „Sorgerechtsentzug" im Spiel ist. Befriedigender scheint die Beteiligung von Jugendlichen ab

---

[3] Bei der Einschätzung des „erzieherischen Bedarfs" genügt es in diesem Amt nicht, Ereignisse und Anlässe zu nennen, die den Verdacht begründen, daß eine dem Wohl des Kindes entsprechende Erziehung nicht gewährleistet ist. Es müssen auch ausdrücklich folgende Fragen beantwortet werden: „Welchen besonderen Belastungen ist das Kind, der/die Jugendlichen bzw. die Familie ausgesetzt?" „Wie schätzen die einzelnen Familienmitglieder selber ihre Situation ein?" „Welche Hilfen/Ressourcen innerhalb und außerhalb des familiären Umfeldes gibt es und warum reichen diese nicht aus?" Bei den Fragen zur „Eignung" der Hilfen genügt es nicht, geeignet erscheinende Maßnahmen aufzuzählen. Vielmehr muß auch beantwortet werden: „Welche Vorstellungen über geeignete Hilfen haben die Personensorgeberechtigten bzw. Kinder oder Jugendlichen selber?" „Ist zu erwarten, daß die betroffenen Personensorgeberechtigten bzw. die Kinder/Jugendlichen selbst die Hilfe aktiv bejahen und nutzen?" „Auf welche Weise kann die geplante Maßnahme dazu beitragen, die Selbsthilfe und Eigenverantwortung der Betroffenen zu stärken?" „In welchem Verhältnis stehen die beabsichtigten Hilfen zur Erziehung zu Hilfen, die von anderer Stelle geleistet werden oder zu leisten sind?" (z. B. Schule, Initiativen) „Sind mit den Hilfemaßnahmen unerwünschte Nebenwirkungen verknüpft?" (Sander, S. 46)

14 Jahren zu sein, die in immerhin ca. 2/3 der betreffenden Fälle (vgl. Sander, S. 72) stattfand[4]. Zählt man die Fälle zusammen, in denen überhaupt Angaben zu den folgenden Fragen gemacht werden – wie die betr. Familienmitglieder ihre Situation einschätzen, welche Vorstellungen über geeignete Hilfen sie haben und ob sie diese nutzen können (Sander wertet dies als „tatsächliche Beteiligung") – so kommt man auf etwas über 50 % bei den Eltern und ca. 30 % bei den Kindern und Jugendlichen. Im ganzen erweckt das nicht den Eindruck, daß die Beteiligungsaufgabe hinreichend ernst genommen wird.

Dieser Eindruck verstärkt sich, wenn man die inhaltliche Analyse der Aussagen zu den Fragen des o. g. Schemas (Anm. 3) betrachtet. So können aus den insgesamt ca. 1200 Aussagen zu jenen Fragen nur ca. ein Viertel als zumindest indirekte Meinungsäußerungen der Eltern oder Kinder gewertet werden (vgl. Sander, S. 78): Andererseits handelt es sich bei ca. der Hälfte um Aussagen des wertend-interpretativen Typs (Beispiele: „Die Mutter ist innerlich und äußerlich verwahrlost", „Die Mutter ist nicht in der Lage, planerisch für das Kind zu sorgen", „Die Mutter ist mit der Erziehung des Kindes überfordert"). Ein weiteres Viertel hält neutral beschreibend Daten fest (Beispiel: „Eltern leben in 72 qm Wohnung mit 6 Kindern"). Bei den Fällen, über die ohne Klientenbeteiligung verhandelt wird , steigt der Anteil der „wertend-interpretativen Aussagen" auf fast 2/3.

Als wenig ergiebig erweisen sich in der Mehrzahl der Fälle auch die Fragen nach Ressourcen innerhalb und außerhalb der Familie. Ca. 40 % der Hilfepläne macht zu dieser Thematik keinerlei Angaben, über die Hälfte (55 %) macht keinerlei Aussagen zu Ressourcen außerhalb der Familie (vgl. Sander, S. 95). Wenn doch Aussagen gemacht werden, sind sie häufig vage und/oder rein negativ (Beispiele: „Hilfen werden aus mangelnder Einsicht nicht angenommen", „Innerhalb und außerhalb der Familie gibt es keine Ressourcen"; Sander, S. 94) oder werden nicht auf das „soziale Umfeld", sondern auf die Jugendhilfe-

---

[4] Eine solche mehrheitlich aktiv genutzte und auch subjektiv in ihren Beteiligungschancen als gut oder wenigstens befriedigend empfundene wahrgenommene Beteiligung Jugendlicher bei der Hilfeplanung wird auch durch die Untersuchungen eines DFG-Projekts an der Universität Bielefeld bestätigt (vgl. Arbeitsgruppe „Präventive Jugendhilfe" 1995, bes. S. 129 ff.)

maßnahmen selbst bezogen (Beispiel: „Die ambulanten und stationären Maßnahmen scheiterten an magelnder Kooperationsbereitschaft des Kindes"; Sander, S. 94).

Bei immerhin ca. 49 % beteiligten Personensorgeberechtigten werden ausdrückliche Wünsche zu der in Betracht kommenden Hilfeart festgehalten (bei über der Hälfte also nicht!) (vgl. Sander, S. 97). Bei den beteiligten Jugendlichen ist der Anteil derer, die explizit Wünsche äußern mit ca. 68 % erheblich höher (vgl. ebd.). Bedenklich muß aber stimmen, daß auch dort, wo solche Wünsche registriert werden, in ca. 2/3 der Fälle keine Aussagen über die Frage gemacht werden, ob und wie die Betroffenen angebotene Hilfen aktiv bejahen und nutzen können (vgl. Sander, S. 99).

Interessant ist schließlich die Art und Weise, wie die Frage nach der Stärkung von Selbsthilfe und Eingeverantwortung durch die in Aussicht genommenen Hilfemaßnahmen beantwortet wird. Die Untersuchung korreliert diese Antworten mit denen auf die Frage, ob die im Hilfeplan vorgesehenen Maßnahmen stationären oder ambulanten Charakter haben, und kommt dabei zu einem erstaunlichen Befund: Wo stationäre Maßnahmen in Aussicht genommen sind, wird in 2/3 der Fälle versichert, daß dies der Eigenverantwortung der Kinder bzw. Jugendlichen stärke, während Verweise auf eine Stärkung der Eltern hier eine fast vernachlässigbare Minderheit ausmachen und nur ca. 15 % angeben, daß mit dem Selbsthilfepotential des Kindes auch das der Eltern gestärkt werde (vgl. Sander, S. 107). Bei geplanten ambulanten Maßnahmen sind die Zahlen radikal anders. Hier wird in ca. 64 % der Fällen gesagt, daß durch die Maßnahmen sowohl das Selbsthilfepotential der Eltern als auch der Kinder gestärkt werden; während jeweils ca. 18 % entweder die eine oder die andere Seite erwähnen (vgl. ebd.). Man kann aus diesen Zahlen (die freilich nicht repräsentativ sind) immerhin die Vermutung ableiten, daß Sozialarbeiter gerade dann das Selbsthilfepotential des „engeren sozialen Umfeldes" aus dem Blick verlieren, wenn sie der Ansicht sind, daß stationäre (also besonders teure) Maßnahmen das Mittel der Wahl sind.

Ich leite aus diesen Daten eine weitere These ab:

7. These: Die gängige Praxis der Hilfeplanung unterschätzt immer noch die Bedeutung der Mitwirkung von Personensorgeberechtigten, Kindern und Jugendlichen als Qualitätsfaktor der Hilfe.

3.3 Wo aber bleibt das Quantitative?

Wer das Wort Controlling vor allem mit Zahlen und Finanzen verbindet, wird vielleicht enttäuscht sein, daß meine Darstellung das Thema der Quantifizierung von Jugendhilfeleistungen weitgehend ausgespart hat. Auch die vorgeschlagenen „Kritischen Erfolgsfaktoren" für „Hilfen zur Erziehung" sind ja qualitative, sozialpädagogisch-fachliche Kriterien, die die daran gemessenen Leistungen noch nicht quantifizieren. Tatsächlich scheint mir die wachsende Lust an quantifizierenden Produktbeschreibungen der Jugendhilfe mehr scheinbare als wirkliche Rationalitätsgewinne zu liefern. Was quantifiziert werden muß sind letztlich immer nur die Kosten, die im Verhältnis zu angestrebten Leistungsqualitäten entstehen. Eine solche Quantifizierung fehlt keineswegs vollständig. Aber sie ist sehr ungleichmäßig entwickelt. Einige dieser Quantifizierungen sind sehr klar entwickelt: bei Hilfen zur Erziehung z. B. die in die Pflegesätze eingeflossenen Personalschlüssel, oder die oft unüberbrückbar klare Differenz der Kostensätze zwischen ambulanten und fremdplazierenden Maßnahmen. Ein Problem dabei ist, daß die Quantifizierungsbemühungen sich vor allem auf die kostenträchtigsten Faktoren richten, eben z. B. Betreuungsintensität. Aber die Fixierung auf die Quantität des Personaleinsatzes kann den Blick dafür verstellen, daß durch Änderungen in der Qualität möglicherweise mehr erreicht werden kann, gerade in Bereichen, wo die Quantifizierung schwer fällt.

So sind andere Quantifizierungen als Betreuungsschlüssel und Gruppengrößen kaum angedacht, z. B. der Aufwand, den es kosten darf, das „soziale Umfeld" einzubeziehen oder die in § 34 KJHG genannten Alternativen zur Heimerziehung vorzubereiten und zu begleiten. Auch für die Quantifizierung des Verhältnisses der Kosten unterschiedlicher Erfolgsfaktoren fehlen die Maßstäbe. Eben deshalb fehlen auch die Steuerungsmöglichkeiten für eine Strategie der Optimierung.

Im übrigen kann es bei der gegenwärtigen Diskussion um Controlling nicht darum gehen, die existierenden Formen der Quantifizierung von Jugendhilfeleistungen in Gestalt von Haushaltsplänen, Haushaltstiteln, Haushaltsvorschriften, Pflegesätzen, Verwendungsnachweis-Verfahren einfach zu ersetzen. Dies wäre zumindest ein sehr langfristiges Projekt. Praktisch und kurzfristig geht es nur darum, an strategischen Stellen, bei denen Veränderungsbedarf unabweisbar ist, anzusetzen und *für die Prozesse des Umsteuerns* Controlling-Techniken zu entwickeln. „Hilfen zur Erziehung" sind ein solcher strategischer Bereich. Die Notwendigkeit der Quantifizierung betrifft aber auch hier nicht die Gesamtheit der Leistungen, sondern nur die Bereiche, in denen Änderungen angestrebt werden. Wenn dies klarer wäre, würde vielleicht auch die Einsicht wachsen, daß effiziente Steuerung keineswegs immer die große Verwaltungsreform voraussetzt und kleine Maßnahmen möglicherweise wirksamer sind.

8. These: Quantifizierung von Jugendhilfeleistungen zu Controllingzwecken muß **selektiv** *geschehen und dort ansetzen, wo Einigkeit über einen Bedarf nach Umsteuerung besteht.*

Die ganze Argumentation läuft darauf hinaus, Controlling nicht, wie üblich, als neue Verwaltungstechnik von außen auf Jugendhilfe anzuwenden, sondern es aus der Sicht sozialpädagogischer Fachlichkeit und *als Teil derselben* zu betrachten. Ich bin mir bewußt, daß dies eine einseitige Betrachtungsweise ist. Sie klammert die verwaltungstechnische, finanzierungstechnische, budgetierungstechnische Seite des Controlling aus, also all das, wofür spezielle Fachleute zuständig sind. Meine Absicht war keineswegs, diese andere Seite für unwichtig zu erklären. Wohl aber möchte ich behaupten, daß Controlling und alle „Neuen Steuerungsmodelle" in der Jugendhilfe kaum Erfolgsaussichten haben, wenn sie *nur* als verwaltungstechnische Neuerungen und nicht auch als ein neues fachliches Selbstverständnis der Jugendhilfe begriffen werden. Kern dieses Selbstverständnisses ist die *Unteilbarkeit der Verantwortung in der Jugendhilfe.* Sie kann nicht mehr in eine Verantwortung für Fachlichkeit, für Klienten, für Pädago gisches, Therapeutisches etc. einerseits und für Wirtschaftlichkeit, Kostenbewußtsein, Anspruchsbegrenzung andererseits aufgespalten werden. Wer diese Einheit der Verantwortung auf allen Hierarchieebenen der Jugendhilfe ablehnt – und dafür gibt es vielleicht auch gute Gründe – der sollte nicht von Controlling reden.

9. These: Ohne die akzeptierte **Verknüpfung** *von Fachverantwortung und Ressourcenverantwortung auf allen Ebenen ist gerade im Bereich von Hilfen zur Erziehung erfolgreiches Controlling nicht möglich.*

4 Die Ethik des Pflegesatzes. Fragen zum Dienstleistungsgedanken der „Neuen Steuerungsmodelle" und seiner Anwendbarkeit auf Heimerziehung

Auch das folgende Kapitel beschäftigt sich mit „Hilfen zur Erziehung", allerdings aus einer anderen Perspektive. Ich gehe hier davon aus, daß es bis auf weiteres immer Kinder und Jugendliche geben wird, für die Heimerziehung oder eine andere „betreute" Form der Unterbringung außerhalb der Herkunftsfamilie sowohl „geeignet" als auch „notwendig" ist. Ich beschäftige mich dabei mit der Frage, wie eigentlich Heimerziehung gesehen wird, wenn sie – wie das überall geschieht – in die Diskussionen über das „Neue Managementdenken" der Jugendhilfe einbezogen wird. Ich klammere dabei die bisher diskutierten Fragen nach der Steuerbarkeit von Effektivität und Effizienz im Sinne der Entwicklung von sachgerechten Controlling-Modellen aus und nähere mich dem Thema von einer anderen Seite. Wie schon in der Einleitung deutlich wurde, hat die ganze Diskussion über „Produktorientierung" etc. auch eine ethische Komponente und die möchte ich jetzt in den Blick nehmen.

Managementmodelle, die auf Sozialarbeit angewendet werden, gehen immer davon aus, daß es sich um eine Tätigkeit handelt, die man als *Dienstleistung* bezeichnen kann. Die erste Frage für eine Beurteilung aus ethischer Sicht ist deshalb: Läßt sich Heimerziehung ethisch als Dienstleistung beschreiben oder braucht sie eine andere Ethik? Als Alternative bietet sich das an, was traditionellerweise immer ethische Grundlage sozialer Arbeit gewesen ist: Eine Ethik des *Helfens.*

4.1 WAS UNTERSCHEIDET ETHIK DES HELFENS UND DIENSTLEISTUNGSETHIK VONEINANDER?

Helfen

Es geht vom realen oder auch unterstellten Faktum individueller Hilfebedürftigkeit aus. Modellfall ist der barmherzige Samariter. Er

– reagiert auf Not, statt nach Eigenverantwortung der Betroffenen für ihre Notlage oder danach, ob er für die Hilfe überhaupt zuständig ist, zu fragen
– orientiert sich an dem Leiden von Betroffenen und nicht an der Frage, welche Risiken für ihn selbst dabei entstehen
– stellt keine Bedingungen für seine Hilfsbereitschaft
– übernimmt persönlich Verantwortung für Hilfsbedürftige, statt nur berufliches Interesse zu haben oder sich nur „Mit beschränkter Haftung" (vgl. Schmidbauer 1983, S. 35 ff.) zu engagieren
– sieht im Helfen selbst einen Lebenssinn und mißt seinen Wert nicht an irgend einem „Output".

Dienstleistung
unterscheidet sich davon in ethischer Hinsicht klar: Sie
– geht von einer nützlichen Partnerschaft mit entscheidungsfähigen Menschen aus
– legt großen Wert auf Selbstbestimmung dieser Menschen und die Freiheit der „Informierten Wahl", einschließlich des Rechtes, angebotene Hilfe abzulehnen
– verspricht Vertraulichkeit und Nichteinmischung in Privatangelegenheiten
– will verläßliche aber auch begrenzte Angebote machen, statt unbestimmter bzw. unbegrenzter Hilfezusagen
– verspricht nützliche Beiträge zur eigenverantwortlichen Lebensgestaltung ihrer AdressatInnen und lehnt es ab, diese als verantwortungslose und/oder hilflose Wesen zu betrachten.
Ich habe an anderer Stelle diskutiert (vgl. Müller 1995), daß eine „Helferethik" und eine „Dienstleistungsethik" einen unterschiedlichen Stellenwert für soziale Arbeit haben und beide für unterschiedliche Handlungssituationen notwendig sind. In jedem Fall aber gibt es viele Handlungssituationen, zumal in der Jugendhilfe und unter den Vorgaben des „Leistungsgesetzes" KJHG, wo es im ganzen eher nach Ideologie, zumindesten nach veralteter Sprache klingt, wenn von „Hilfe" und „Hilfebedürftigkeit" statt von Dienstleistung die Rede ist. Dienstleistungsethik ist die bescheidenere, die sachlichere Ethik und sollte den Vorzug haben, wo sie ausreicht. Dies ist dort der Fall, wo „Hilfe als Vertrag" (Drude 1994) möglich ist. Ich komme am Schluß dieses Kapitels auf die Frage zurück, inwieweit das für Heimerzie-

hung gesagt werden kann, unterstelle aber, daß es auch hier über weite Strecken sinnvoller ist, von den nüchternen Grundsätzen der Dienstleistungsethik auszugehen und von „Helfen" nur zu reden, wenn es wirklich um Bewältigung aktueller Notlagen geht (vgl. Müller 1995, S. 112 ff.)

Mich interessieren aber im folgenden nicht so sehr die ethischen Orientierungen der in der Heimerziehung handelnden einzelnen Personen. Es geht bei Steuerungsfragen vielmehr um organisatorische Strukturen. Auch diese haben ethische Bedeutung, sofern sie nämlich ethische Haltungen der handelnden Personen entweder unterstützen oder auch erschweren können (vgl. Müller 1994): Die Frage also ist zunächst, ob Heimerziehung, aufs Ganze gesehen, eine Struktur ist, die einer Dienstleistungsethik entgegenkommt und sie unterstützt.

4.2 ENTSPRICHT DIE STRUKTUR VON HEIMERZIEHUNG EINER DIENSTLEISTUNGSETHIK?

Wenn und soweit es in der Heimerziehung um das Erbringen von Dienstleistungen geht, muß es grundsätzlich auch möglich und sinnvoll sein, von „Output", „Produkten" der Heimerziehung etc. zu reden, ohne daß damit automatisch die ethischen und fachlichen Qualitäten dieser Arbeit bedroht werden. Es muß dadurch nicht kälter, unmenschlicher zugehen. Im Gegenteil: Es gibt Gründe, inwiefern solches Managementdenken die ethische Qualität *verbessern* kann. Ich möchte solche Gründe von der Frage her diskutieren: Entsprechen die gängigen Qualitätsmaßstäbe, an denen Heimerziehung *als Institution* gemessen wird, einer Dienstleistungsethik? Ich spreche also jetzt und im folgenden nicht von der ethischen Haltung oder Berufsmoral der einzelnen Mitarbeiter und Mitarbeiterinnen, sondern von der ethischen Qualität, die in der Struktur der Institution steckt. Die Antwort auf diese Frage muß m. E. aufs Ganze gesehen lauten: *Nein, die Struktur der Heimerziehung entspricht nicht einer solchen Ethik.* Karl Späth (1992) hat in verschiedenen Beiträgen zur Hilfeplanung dieses „Nein" anschaulich gemacht, indem er sinngemäß sagte: „Stellen Sie sich vor, Ihr Hausarzt würde mit Ihnen als Patient so umgehen, wie das bei Entscheidungen über Fremdplazierung offenbar weitgehend noch für normal gehalten wird".

Ich möchte die These, daß Heimerziehung eigentlich noch keine Dienstleistungsstruktur hat, ganz praktisch begründen. Nämlich aus der Frage: Was ist der entscheidende Qualitätsmaßstab, der üblicherweise bessere Angebote der Heimerziehung von weniger guten unterscheidet? Ich denke man kann sagen: Dieser *Maßstab ist der jeweilige Pflegesatz und alles, was zu seiner Begründung geltend* gemacht wird: Personalschlüssel, Aufwendungen für Raumausstattung und -Erhaltung, Verfügbarkeit von Mitteln für besondere pädagogische Angebote oder Einzelmaßnahmen, Supervision für die MitarbeiterInnen, Therapieangebote etc. All das schlägt sich im Pflegesatz nieder, eben weil davon ausgegangen wird, daß sich darin die Qualität des Angebots ausdrückt. Ein Beispiel aus der Selbstdarstellung eines Heimträgers, der ein neues „Spezialangebot" zu offerieren hat, berichtet Greese:

„Ein Wohnpavillon sei für eine Gruppe von sechs sexuell mißbrauchten Mädchen im Alter von 8–12 Jahren eingerichtet worden. Fünf ausschließlich weibliche sozialpädagogische Betreuungskräfte und eine Psychotherapeutin stünden rund um die Uhr zur Verfügung. Dem Heim angegliedert sei eine Sonderschule E. Aber auch der Besuch der umliegenden Normalschulen sei mit Hilfe eines Fahrdienstes sicherzustellen. Die Einrichtung verfüge über einen kleinen Streichelzoo und etliche Reitpferde, mit denen unter Anleitung einer Fachkraft therapeutisches Reiten möglich sei. Der Pflegesatz beträgt dank einer Mischung aller unterschiedlichen Betreuungsangebote der Gesamteinrichtung und einer Modellförderung des Landes im Rahmen eines Programms zur Bekämpfung des sexuellen Mißbrauchs „nur" 245,– DM pro Tag." (Greese 1995, S. 279)

Selbst wenn das Beispiel die Verhältnisse ein wenig karikiert (vgl. ebd., S. 281), so macht es doch eine verbreitete Denkweise deutlich: Daß nämlich zwischen den Kosten der Heimerziehung und der Qualität ihrer Leistungen ein lineares Entsprechungsverhältnis bestehe, die Qualität des betriebenen Aufwandes also unmittelbarer Ausdruck der Leistungsqualität sei, woraus man z. B. folgern kann, daß ein Tagessatz von 245,– DM immer noch günstig ist.

Tatsächlich aber kann die Tatsache, daß sich die einzelne Heimerziehungsmaßnahme in den letzten Jahrzehnten gewaltig verteuert hat, drei verschiedene Bedeutungen haben:

– Es kann bedeuten: Heimerziehung ist besser geworden und das kostet entsprechend.

– Es kann auch bedeuten: Sie ist besser geworden, denn je teurer Heimerziehung ist, desto besser ist sie.

– Es kann schließlich bedeuten: Damit, daß sie so teuer ist, beweisen wir, daß ihre Qualität entsprechend ist.

Die beiden letzgenannten Bedeutungen wären mit Management-denken offenkundig schwer zu vereinbaren. Deshalb vertritt sie auch niemand so offen. Das Problem aber ist: Wer auf effizientere Dienst-leistung aus ist, muß damit in Schwierigkeiten kommen, daß von den Kostenfaktoren für Pflegesätze als solchen her nicht zu entscheiden ist, welcher jener drei Sätze eigentlich Verhandlungsgrundlage ist. Denn selbst wenn man davon ausgehen muß, daß die Kostenexplo-sion in der Heimerziehung seit den 70er Jahren vor allem auch die Folge notwendiger Qualitätsverbesserungen war, so ist damit doch noch nicht geklärt, in welchem Umfang das gesagt werden kann, noch ist geklärt, wem die Verbesserungen tatsächlich zugute kamen.

Legt man andererseits die oben genannten Kriterien für eine Dienst-leistungsethik an, so ergibt sich keineswegs, daß deren Einlösung zwangsläufig eine Kostenexplosion zur Folge haben müßte. Ich sehe zumindest keinen Grund, weshalb die darin formulierten Qualitäts-standards zwingend mit den Pflegesätzen korrelieren müßten. Ich ver-mute nämlich: Im allgemeinen hat es auf die Höhe der Pflegesätze keinen Einfluß

– ob eine Einrichtung klientenfreundlich und dienstleistungsorien-tiert ist, oder ob sie sich um die „Wunsch- und Wahlrechte" der Perso-nensorgeberechtigten und der Kinder bzw. Jugendlichen wenig schert

– ob sie ihr Angebot durchsichtig präsentiert oder hinter ideolo-gischen Wolken versteckt

– ob sie flexible Arrangements und Wahlmöglichkeiten zuläßt oder nicht

– ob sie ihre Adressaten an der Gestaltung der Angebote beteiligt oder nicht

– ob sie zur selbständigen Lebensführung oder zum unauffälligen Heimbewohnerdasein erzieht.

Eine Einrichtung kann das Eine oder das Andere tun, also im Sinne einer Dienstleistungsethik besser oder schlechter sein, ohne daß dies auf die Begründbarkeit ihres Pflegesatzes irgend einen Einfluß hat; womit selbstverständlich nicht behauptet wird, daß Qualität nichts koste.

Vielleicht ist hier ein provokativer Vergleich erlaubt. Es ist ein bißchen wie beim Militär: Da das Produkt „militärische Sicherheit" für sich genommen nicht quantifizierbar ist, wird es gemessen am Standard der Ausrüstung: Zahl der Soldaten, technische Eigenschaften der Waffen, Modernität der Logistik etc. All das kostet, obwohl niemand weiß, was davon wirklich gebraucht wird. Eine rationale Kostenbegrenzung ist deshalb fast unmöglich, weil die Kosten in keinerlei rationales Verhältnis zum Endprodukt „Sicherheit" gebracht werden können, sondern nur zu den technischen Fähigkeiten der dafür eingesetzten Mittel. Der Vergleich besagt: Auch in der Heimerziehung sagt die rational begründete und „wirtschaftliche", „effiziente" Verwendung der Mittel sehr wenig darüber aus, ob das Geld sinnvoll eingesetzt oder wenigstens teilweise zum Fenster rausgeworfen wird. Denn die Effektivität dieser Mittelverwendung kann nicht am Profit gemessen werden, sondern nur daran, ob sie soziale Werte verwirklichen (ob sie helfen zu erziehen, Entwicklungschancen zu bieten, eigenverantwortlich, gemeinschaftsfähig zu machen; vgl. Klatetzki 1995). Und das sind Werte, die nicht einfach technisch herstellbar sind, deren Verwirklichung jedenfalls keineswegs automatisch mit dem Pflegesatz zunimmt.

Die Konsequenz daraus ist: Die Ausstattung einer Einrichtung sagt zunächst einmal nichts oder wenig darüber aus, ob dort im Sinne guter Dienstleistungen gearbeitet werden kann. Ich behaupte also, aufs ganze ist es immer noch so: Ob eine Jugendhilfeeinrichtung im Vergleich zu anderen gute oder weniger gute Leistungen erbringt, hängt von der individuellen Moral, dem Können und der Einsicht der Leitung und Mitarbeiter bzw. Mitarbeiterinnen ab. Aber die Wahrscheinlichkeit ist groß, *daß es keine institutionellen Mechanismen gibt, jedenfalls keine wirtschaftlichen Mechanismen, die gute Dienstleistung in der Heimerziehung belohnen und schlechte Dienstleistung zu Nachteilen führen lassen.*

Die wichtigste Frage an die Planer von „Neuen Steuerungsmodellen" ist deshalb: Können sie das ändern? Können sie quasi marktmäßige Mechanismen schaffen, durch die Einrichtungen, die „kundenfreundlich" arbeiten, besser dran sind, gegenüber solchen, die es nicht tun? Meine Vermutung ist, daß sich aus solchen Mechanismen unmittelbar auch Spareffekte ergeben könnten, *wenn* sie Einrichtungen belohnen, die besser und flexibler als andere dazu fähig sind, das jeweils für ein

Kind oder Jugendlichen Notwendige zu tun und das jeweils Überflüssige wirklich auch wegzulassen.

4.3 EFFEKTIV SEIN WOLLEN KANN TEUER WERDEN

Ich möchte allerdings nicht die Illusion verbreiten, als ob die Einführung „Neuer Steuerungsmodelle" in der Heimerziehung in Verbindung mit einer bürger- und kundenfreundlichen Dienstleistungsethik gleichsam von selbst zu einer a) ethisch und fachlich besser legitimierbaren und b) auch noch sparsameren Heimerziehung führen wird. Ich möchte ein paar Gründe nennen, die dagegen sprechen und dann noch einmal auf das Helfen zurückkommen.

– zum einen kann natürlich die Diskussion über „Outputorientierung" faktisch zur bloßen Spardiskussion werden. Es geht dann schlicht und brutal um die Kosten, ohne sich um Qualität zu scheren, aber eben mit hochmodernen und sogar noch moralischen Argumenten. D. h. es wird der schon beschriebene Etikettenschwindel (vgl. Kap. 2) betrieben, der „Outputsteuerung" sagt und wirksamere „Inputsteuerung" (nämlich Deckelung oder Kürzung der Mittel) meint.

– zum zweiten kann die neue Steuerungsdiskussion, wenn man nicht aufpaßt, schnell auch sehr teuer werden. Ich weiß z. B. nicht, ob Karl Späth die ökonomischen Konsequenzen seines Denkmodells ganz durchdacht hat, das Heimerziehung-Adressatenverhältnis in Analogie zum Arzt-Patient-Verhältnis zu verstehen. Eine denkbare Konsequenz wäre nämlich, daß wir, analog zur GOÄ (Gebührenordnung für Ärzte) eine GOHL, eine ebenso ausgefeilte „Gebührenordnung für Heimerziehungs-Leistungen" bekommen. Und ob das Spareffekte erzeugen würde, da habe ich doch meine Zweifel. Auch die GOÄ funktioniert, wie der Präsident der Berliner Ärztekammer Ellis Huber sarkastisch bemerkte (TAZ vom 23. 12. 95), so, wie wenn ein Zimmermann für die Zahl seiner Hammerschläge bezahlt würde, aber nicht für das Fertigstellen des Dachstuhls. Entsprechende Leistungskataloge würden Heimerziehung bürokratisieren, aber gewiß nicht billiger machen.

– zum dritten kann eine solche Durchrationalisierung von Heimerziehung als Dienstleistung nicht nur finanziell zum Bumerang werden, sondern auch dazu führen, daß Heimerziehung zur Beamtentätigkeit wird, zum Ableisten von standardisierten „Maßnahmen", daß sie ihren Geist und ihre Seele verliert. Th. Klatetzki (1995), der darauf hinweist, daß die „Verwirklichung sozialer Werte" nicht durch ökonomisches Kalkül optimierbar ist, hat in dieser Hinsicht sicher recht. Deshalb muß aus ethischer Sicht eben doch noch mal über das Helfen geredet werden. Mir scheint hier allerdings zur Ergänzung der Dienstleistungsorientierung noch eine andere Ethik des Helfens nötig zu sein, als die des „Barmherzigen Samariters". Nämlich eine Ethik der gegenseitigen Hilfe, die man als eine im weiten Sinne politische Ethik verstehen sollte.

4.4 Heimerziehung braucht nicht nur eine Dienstleistungs-ethik, sondern auch eine politische Ethik

Eine Ethik des Helfens hat noch einen anderen Bezug als den eingangs angedeuteten auf die Hilfsbedürftigen, in Not befindlichen, Unmündigen, Abhängigen. Zu diesem anderen Bezugssystem von Helfen gehören Stichworte wie Mitmenschlichkeit, lebenswerter Alltag, Nachbarschaft, Selbsthilfe, soziales Gemeinwesen und „Teilhabe am Leben der Gemeinschaft" (BSHG). Kurz, es geht um die Frage, ob wir in der Lage sind, für Jugendliche einen sozialen Ort zu schaffen, an dem es nicht nur „fressen oder gefressen werden" gibt, an dem es sich lohnt, daß, wie Brecht sagte, „der Mensch dem Menschen ein Helfer" sei. Es geht da um ethische Fragen, die auftauchen, wenn man den Anspruch ernst nimmt, der ja auch dem KJHG zugrunde liegt:
– daß Hilfe zur Erziehung einerseits an der Lebensumwelt der Betroffenen orientiert, dort anknüpfend, dort unterstützend, und – falls Fremdplazierung doch notwendig wird – dorthin zurückführend tätig sein soll;
– daß aber andererseits, solange und wenn das nicht möglich ist, Heimerziehung selbst zum lebenswerten sozialen Ort für Kinder und Jugendliche werden soll. Reden wir von der ethischen Struktur der Heimerziehung in dieser Hinsicht als Ethik eines sozialen Gemeinwesens, einer Lebenswelt, eines Alltages, so befinden wir uns in einer anderen „ethischen Sphäre" (Walzer 1994) als in der von Dienstleistung oder der von Helfern und Hilfsbedürftigen. Es geht dann nämlich um

Teilhabe an und Gestaltung von gesellschaftlichem Leben im Kleinen und um dessen „moralische Grammatik" (Honneth 1994)

Diese hat mit einer Dienstleistungsethik, wie sie dem neuen Managementdenken entspricht, einiges gemeinsam, in anderem unterscheidet sie sich. Gemeinsam ist, daß es sich nicht um totale Verantwortung, sondern um begrenzte Verantwortung handelt. Stoppregeln, Respektierung von Privatangelegenheiten, Verzicht darauf, anderen die Verantwortung für ihre Art der Lebensführung abzunehmen ist für die Ausführung anständiger Dienstleistungen ebenso fundamental wie für die Entfaltung einer politischen Kultur. Auch die Annahme, daß Ethik immer eine Sache von Geben und Nehmen, von Aushandeln berechtigter Interessen, vom Handeln zum gegenseitigen Vorteil sei, verbindet Dienstleistungsethik und Ethik des sozialen Lebens bzw. politische Ethik miteinander.

Aber es gibt auch wesentliche Unterschiede. Der wichtigste scheint mir zu sein, daß Dienstleistung immer funktionalen Charakter hat, d. h. von einem Zweck-Mittel-Verhältnis her gedacht ist. Eine Dienstleistungsbeziehung, die zum Selbstzweck wird, ist per Definition eine pervertierte, unsinnige Dienstleistung. Die Entfaltung eines lebenswerten Alltages ist dagegen immer Selbstzweck. Funktionalisiert man sie, z. B. indem man zu streng davon ausgeht, Heimerziehung müsse als „Lernfeld" gestaltet werden, so ist man schnell dabei, die Kinder und Jugendlichen um das zu betrügen, was J. Korczak „das Recht auf jeweiligen Tag" genannt hat (die Mitarbeiter vielleicht auch). Und man ist auch schnell dabei, ihnen die Grundlagen dessen zu nehmen, was Aristoteles das „Zoon Politikon", das politische Wesen genannt hat. Denn dazu gehört nicht nur Rationalität, sondern auch Verrücktheit, nicht nur Ordnung, sondern auch Chaos, nicht nur Normalisierungsarbeit, sondern auch das „Plädoyer für eine gewisse Anormalität" (Mc Dougall 1989), nicht nur Planung, sondern auch Spontaneität, nicht nur Zeit nutzen, sondern auch Zeit vertun.

Eine nur stromlinienförmige Leistungsorientierung kann dabei nicht nur Lebensqualität verspielen, sondern auch teuer sein. Der Verzicht auf Durchplanung, die Kultivierung der Fähigkeit, auf jede Situation anders zu reagieren, *kann* erheblich effizienter sein als Controlling und detaillierte Produktbeschreibungen je bewirken können. Gerade in der Heimerziehung wäre auch aus den oben (vgl. Kap. 2 und 3) entwickelten Gründen eine flächendeckende Erfassung ihrer „Leistungen" anstelle von strategischer Erfassung verbesserungsbedürftiger Faktoren kontraproduktiv. Dagegen, daß diese Grenzen der ökonomischen Rationalität wiederum nur als Legitimation für Schlamperei und Weiterwurschteln benutzt werden, hilft nur „Organisationskultur" oder „management of meaning" (vgl. Klatetzki 1993, S. 158 ff.). Früher sagte man dazu: „Geist des Hauses". Aber darüber zu reden wäre für die ethische Diskussion ein neues Kapitel.

5 Erziehungsberatung und die Beratungsaufgaben der Jugendhilfe

Erziehungsberatung und allgemein die Beratungsaufgaben der Jugendhilfe sind für das Anliegen, effiziente und rationale Organisationsstrukturen zu entwickeln, eine besondere Herausforderung. Dies liegt nicht nur daran, daß gerade Beratung ein schwer faßbares, immaterielles „Produkt" ist, und auch nicht nur daran, daß es überhaupt nur in einem eingeschränkten und präzisierten Sinne richtig kann, von Beratung als „Produkt" zu reden (vgl. Kapitel 6). Vielmehr ist Beratung als Bestandteil oder auch besondere Art von Jugendhilfeleistungen selbst schon klärungsbedürftig. Blickt man nur auf das, was unter dem Namen „Erziehungsberatung" heute alles gemacht wird und laut gesetzlichem Auftrag auch gemacht werden sollte, so geht das von Einzelgesprächen bis zu durchgeführten Therapien, von Gruppenpädagogik mit benachteiligten Kindern bis zu Balintgruppen o. ä., dazu Eltern- und Schülerberatung, Stadtteilarbeit, netzwerkende Gesundheitsvorsorge, Selbsthilfegruppenberatung, Krisenintervention und anderes mehr. Was heißt da Erziehung und was Beratung? Ich möchte in diesem Kapitel zunächst diskutieren, wie Beratung und insbesondere Erziehungsberatung als Teil und Element einer fachgerechten und dem gesetzlichen Auftrag des KJHG entsprechenden Jugendhilfe zu verstehen ist. Im nächsten Kapitel werde ich auf die „Produktbeschreibung" von Beratung im Kontext der „neuen Steuerungsmodelle" zurückkommen.

Vor ein paar Jahren schien noch klar zu sein, was Erziehungsberatung ist. Es ging dabei um Kinder, die an – wie auch immer definierten – seelischen Störungen litten und um Eltern (manchmal auch andere Erziehungspersonen), die wegen dieser Störungen mit ihrer Erziehungsaufgabe nicht mehr zurande kamen und deshalb die Erziehungsberatung aufsuchten oder dorthin verwiesen wurden. Diese wurde ihnen in Gestalt eines anamnestisch geführten Erstinterviews angeboten, gestaltet je nach therapeutischer Richtung im Ausbildungshintergrund der Berater (vor allem Gesprächs- und Familientherapie), immer unter Zusicherung absoluter Vertraulichkeit, was nur glaubhaft zu machen war, wenn Erziehungsberatung als nach außen hin völlig unabhängig erschien, jedenfalls räumlich nicht mit einer so zweideutigen Instanz wie dem Jugendamt in Verbindung gebracht werden konnte. In geeigneten Fällen und bei verfügbarer Kapazität hieß Erziehungsberatung dann: eine Vereinbarung über eine Sequenz von Sitzungen (je nach Konzept und Fall: einzeln, als Familie, in Gruppen), i. d. R. „fokal" auf spezifische Probleme gerichtet, unterhalb der Schwelle einer „großen" Therapie aber auch jenseits der Bearbeitung sozialer und lebenspraktischer Probleme, die an andere Instanzen verwiesen wurden (vgl. Bittner 1981).

Dies „psychagogische" Modell von Erziehungsberatung, das sich seit den 60er und 70er Jahren durchgesetzt hatte, ist heute zwar noch existent, aber keineswegs mehr repräsentativ für „die" Erziehungsberatung. Vorwürfe gegen die Erziehungsberatung, wie sie vor allem der 8. Jugendbericht (Bundesregierung 1990) erhob – mit Argumenten wie: Erziehungsberatung lasse sich nicht wirklich auf die Lebenssituation benachteiligter Menschen ein, sei mit ihrer „Kommstruktur" auf Mittelschichtklienten begrenzt, klammere die schwierigsten Probleme systematisch aus und sei eine Domäne für privilegierte Arbeitsplätze (vgl. Cremer 1995, S. 170 f.) – solche Vorwürfe waren schon damals zu pauschal (vgl. Roth 1994) und treffen heute noch weniger. Zur Tätigkeit von Erziehungsberatungsstellen gehört heute auch die Beratung von Pflegefamilien, die Arbeit mit ausländischen Kindern und Jugendlichen, mit dissozialen und gewalttätigen Kindern, die Mitwirkungen bei der Hilfeplanung und im familiengerichtlichen Verfahren, die Mitarbeit in Kindernotdiensten und Kriseninterventionen, die Mitarbeit in Hilfesystemen gegen sexuellen Mißbrauch, die Mitarbeit in gemeindepsychiatrischen Versorgungssystemen und Jugendhilfestationen, die Fallberatung für MitarbeiterInnen in Kitas und Jugendeinrichtungen und anderes (vgl. Cremer u. a. 1994). Es ist auch inzwischen unstrittig, und so auch im Gesetz verankert (§ 28), daß Erziehungsberatung keine Domäne psychologisch-therapeutischer Kompetenz allein sein kann, sondern interdisziplinäre Teams unter Einschluß sozialpädagogischer bzw. sozialarbeiterischer Kompetenzen unabdingbar sind.

Erziehungsberatung ist also in gewisser Weise „sozialpädagogischer" geworden. Dabei handelt es sich aber keineswegs um die Selbstaufgabe einer psychologisch geprägten Fachlichkeit; sondern, wie Heiner Keupp (1995, S. 269) zurecht sagt, um eine „Parallelaktion" von

Sozialpädagogik und Psychologie, die sich beide in Richtung auf eine „lebensweltorientierte Handlungsperspektive" gewandelt haben und beide sich an 3 Intentionen ausrichten:

„(1) psychologisches (und sozialpädagogisches B. M.) Handeln weg von einer therapeutisch-technischen Orientierung hin auf die Lebenswelt der Betroffenen zu orientieren; (2) eine kritische Reflexion der unerwünschten Nebenfolgen ausgreifender professioneller Zuständigkeiten anzustoßen; und (3) professionalisierte und institutionalisierte Hilfen als Ressourcen für die Unterstützung von Menschen in Not bei der produktiven Bewältigung ihrer Alltagskonflikte zu sehen und zu entwickeln." (ebd.)

Dem könnte ich als Sozialpädagoge jetzt einfach zustimmen und sagen: Na wunderbar! D. h. ich könnte die Frage nach den besonderen Aufgaben und den dafür notwendigen Arbeitsbedingungen von Erziehungsberatung im Vergleich zur i. e. S. sozialpädagogischen Jugendhilfe (vgl. Müller 1992) auf sich beruhen lassen, weil jetzt sowieso alle an dem einen „lebensweltorientierten" Strang ziehen. Wenn da nur klarer wäre, was dann die *besondere* Aufgabe von Erziehungsberatung eigentlich noch ist! Wenn da nicht die Vielfalt der Handlungsfelder, die Unklarheit der Kompetenzprofile und die Beliebigkeit von Prioritäten wären; jener Sumpf des „anything goes"; oder, sagen wir es deutlicher, Sumpf einer der sozialpädagogischen Jugendhilfe nicht ganz zu Unrecht nachgesagten Semiprofessionalität. Ein Sumpf, dem die Erziehungsberatung eben erst entronnen schien und in den sie jetzt wieder zurückzugleiten droht. Denn als Einzelbeispiele für sinnvolle Projekte der Erziehungsberatung können die aufgezählten Beispiele wohl dienen. Aber als Tätigkeitsprofil verstanden decken sie sich jetzt mit dem Tätigkeitsprofil der Jugendhilfe *im Ganzen.* Wer nicht mehr dazu zu sagen hat, kann nicht mehr begründen, ob Erziehungsberatung überhaupt eine *besondere* Aufgabe wahrnimmt oder nicht einfach Jugendhilfe macht, wie der ASD oder die „Sozialpädagogische Familienhilfe" auch. Dies wäre für Erziehungsberatung, insbesondere im Blick auf die aktuelle Sparpolitik, ziemlich gefährlich. Mir scheint es jedenfalls notwendig, den offenbaren Wandel von einer „psychagogischen" zu einer „lebensweltorientierten" Erziehungsberatung noch einmal kritisch zu beleuchten, wobei ich die empirische Frage auf sich beruhen lasse, ob dieser Paradigmenwechsel schon vollzogen oder erst in Modellversuchen existiert und ob er reversibel ist oder nicht. Mich interessieren vielmehr drei Fragen:

1. Was geschah bzw. geschieht mit der in jenem „psychagogischen" Modell errungenen professionellen Profil und der Autonomie von Erziehungsberatung, wenn ein neues Selbstverständnis und vor allem ein neues Gesetz (das KJHG) diese Eigenständigkeit zur Disposition stellt? Daß die stärkere Integration von Erziehungsberatung in die Jugendhilfe ein Risiko auf dieser Ebene bedeutet, scheint mir offenkundig. Und dies ist unterm Strich auch das zentrale Argument aller Bedenken, die Integration nicht zu weit gehen zu lassen (vgl. z. B. Cremer 1995). Ob aber und aus welchen Gründen das Risiko eingegangen werden muß und sich sogar lohnen könnte, wird nicht diskutiert.

2. Welche Bedeutung hat die stärkere rechtliche Einbindung von Erziehungsberatung in den Rahmen der Jugendhilfe nach dem KJHG für das fachliche Selbstverständnis? Ist diese Verrechtlichung ein Übel, das auf Kosten der Professionalität und damit auch zu Lasten der Klienten geht oder gibt es die Möglichkeit, die rechtlich/administrative Seite von Erziehungsberatung als integrales Element der Beratungsarbeit selbst zu betrachten? An der Antwort auf diese Frage hängt auch, welchen Charakter Erziehungsberatung als Dienstleistung hat.

3. Läßt sich ein Handlungsprofil der Erziehungsberatung entwickeln, das sie als integralen Bestandteil einer lebensweltorientierten Jugendhilfe beschreibt, ihr aber dennoch ihr eigenes fachliches Profil und den nötigen Spielraum für sachangemessene (d. h. auch die therapeutische Dimension angemessen berücksichtigende) Angebote beläßt?

5.1 AUTONOMIE DER ERZIEHUNGSBERATUNG IM RAHMEN DER JUGENDHILFE UND DES KJHG

In Sachen professioneller Autonomie war die Erziehungsberatung in den 70er und frühen 80er Jahren zweifellos Trendsetter. Ihre dem Jugendhilfesystem abgetrotzten Privilegien wie

– Abkoppelung von der Aktenführung der Jugendhilfeverwaltung, voller Datenschutz für Klienten

– Abgrenzung – auch räumlich – gegenüber dem Odium des sanktionierenden Amtes, fachgerecht ausgestattete Beratungssettings

– professionelle Standards für die Ausbildung, die von Fachverbänden gesetzt und überwacht wurden, Supervision durch unabhängige Berater

konnte bei sozialpädagogischen KollegInnen zwar Neid erregen, aber eigentlich keinen Widerspruch finden. Denn davon träumten die ja selber, nur kriegten sie's nicht. Die Idee einer spezialisierend ausdifferenzierten, auf klinisch fundiertem Expertenwissen aufbauenden Jugendhilfe prägte ab Ende der 70er Jahre auch die Jugendhilfereformdiskussion. Man kann dies z. B. an der zentralen Stellung ablesen, die das Konzept der „psychosozialen Diagnose" in den damaligen, letztlich gescheiterten Entwürfen zur Reform des Jugendwohlfahrtsgesetzes hatte – als Alternative zu dem als stigmatisierend und irrational empfundenen Verwahrlosungsbegriff des JWG.

Heute ist nicht nur der Jugendhilfediskurs ein anderer, wieder mehr weg von der Spezialisierung, hin zu „ganzheitlichen" Sichtweisen. Wichtiger ist, daß vor allem mit dem KJHG die gesetzliche Grundlage eine sehr andere wurde – und zwar weniger hinsichtlich der Aufgabenbereiche, und mehr hinsichtlich der Verfahrensweisen, die dabei zu beachten sind. Was vorher Privileg ausgegliederter Bereiche wie der Erziehungsberatung war, wurde nun plötzlich verdammte Pflicht und Schuldigkeit der gesamten Jugendhilfe, keineswegs nur zu ihrer Freude. Plötzlich galt es zu beachten, daß man es mit einem Gesetz zu tun hatte,

– das nicht mehr Eingriffmöglichkeiten, sondern Angebote für „Leistungsberechtigte" regelt, die ohne fachkundige Beratung (vgl. auch Sozialgesetzbuch I § 14) gar nicht erbracht werden können, während alle Eingriffe, von kurzfristigen Notmaßnahmen wie „Inobhutnahme" (§ 42 KJHG) abgesehen, an Gerichte verwiesen sind

– das eine detaillierte Gewährleistungspflicht für Rechtsansprüche auf Beratung formuliert, nicht nur für Eltern bei Frage der Partnerschaft, Trennung und Scheidung (§ 17) bei Schulproblemen (§ 21) nicht nur für Alleinerziehende (§ 18) und Tagespflegepersonen (§ 23), für Adoptiveltern (§ 51, 2), Pfleger und Vormünder (§ 53) sondern auch für Kinder und Jugendliche, unabhängig von und auch ohne Wissen ihrer Eltern (§ 8) sowie für „Junge Volljährige" (§ 41, 4), so daß man auch ganz unabhängig von den Erziehungsberatungsstellen von einem *generellen* Erziehungsberatungsauftrag der Jugendhilfe reden kann

– das Datenschutzvorschriften enthält (§ 61 ff.), welche insbesondere die personenbezogenen Daten, die „zum Zwecke persönlicher und erzieherischer Hilfe anvertraut worden sind" (§ 65, 1) unter strengsten Schutz stellt

– das Mitwirkungsrechte (z. B. § 36 ff.), sowie „Wunsch und Wahlrechte" bei der Auswahl und Gestaltung der Hilfe für Leistungsberechtigte (§ 5) und entsprechende Beteiligungrechte für Kinder und Jugendliche (§ 8) vorsieht

– schließlich – und vielleicht am wichtigsten: Es ist ein Gesetz, das den Auftrag der Erziehungberatung im speziellen Sinn in die „Hilfen zur Erziehung" einordnet und damit, wie alle Kommentare sagen, an ein „anspruchbegründendes" Verfahren bindet, in welchem der „erzieherische Bedarf" sowie die „geeigneten" und „notwendigen" Hilfen (§ 27, 1) ermittelt werden; wobei zwingend ist, daß „Art und Umfang der Hilfe" sich „nach dem erzieherischen Bedarf im Einzelfall" richten muß (§ 27, 2). Dies bedeutet, daß der Entscheidungprozeß über die Hilfe selbst zum Beratungsprozeß wird, vor allem aber, daß die einzelnen Hilfsangebote, z. B. die Erziehungsberatung, der Betreuungshelfer, die sozialpädagogische Familienhilfe oder die Heimerziehung nicht mehr als vorgegebene, voneinander sachlich unabhängige Leistungseinheiten (feste, für sich stehende Kästchen sozusagen) behandelt werden dürfen, sondern nur noch Optionen sind, die am jeweiligen Einzelfall auf Eignung zu prüfen sind und deren Zuschnitt und Verknüpfung je fallspezifisch, in jedem Fall aber fachlich zu verantworten ist.

All dies hat für das eigene Profil und die Autonomie der Erziehungsberatung möglicherweise 3 gravierende Konsequenzen:

a) Sicher ist es positiv, wenn das Jugendamt seinen historischen Schlingerkurs zwischen professioneller „Legitimitätsorientierung" und bürokratischer „Sanktionsorientierung" (vgl. Blinkert u. a. 1976) nicht mehr fortsetzen darf, sondern eindeutig auf professionelle Vorgehensweisen verpflichtet wird. Für die Erziehungsberatung bedeutet dies aber auch, daß ihre Sonderstellung aufhört, daß für *alle* Bereiche der Jugendhilfe die Frage auf der Tagesordnung steht, welche Bedingungen sie brauchen, um den Normen des Gesetzes und dem „Einzelfall" gerecht werden zu können. D. h. Erziehungsberatung muß jetzt *in Konkurrenz* zu anderen Fachdiensten legitimieren, weshalb ihre selbstgesetzten professionellen Standards wichtiger sind als andere Prioritäten.

b) Sicher ist es positiv, wenn qualifizierte Beratung zum allgemeinen Standard der Leistungserbringung in der Jugendhilfe wird. Für die Erziehungsberatung heißt das aber auch, daß sie sich auch inhaltlich mit sehr unterschiedlichen Beratungsverständnissen anderer Jugendhilfebereiche auseinandersetzen muß. Konkret: sie muß sich wehren, weder als Feuerwehr in allen Fällen verschlissen zu werden, die den anderen zu heiß sind, noch als besondere Aufgabe hinten runter zu fallen, weil ja doch alle Beratung machen. Cremer z. B. sieht hier geradezu eine (unbewußte) Strategie am Werk, Erziehungsberatung „unsichtbar" zu machen, ihre Rolle als Vorreiterin der Fachentwicklung zu verleugnen: „Die Leistung Erziehungsberatung muß der Verdrängung anheim fallen, damit Jugendhilfe an anderer Stelle ihr Konzept als neu und eigenständig ausgeben kann" (1995, S. 177).

c) Sicher ist es positiv, wenn der Gesetzgeber professionelle Qualität nicht nur irgendwie voraussetzt, sondern Fachlichkeitsnormen wie Freiwilligkeit der Angebote, Recht auf informierte Wahl und informationelle Selbstbestimmung (Datenschutz) für Klienten, Rekonstruktion der Problematik im Einzelfall als *Rechts*normen vertritt. Kann das aber für einen Bereich wie Erziehungsberatung nicht bedeuten, daß jetzt verrechtlicht, bürokratisiert wird, was vorher freie Selbstverständlichkeit einer professionellen Haltung war; daß niedrigschwellige Angebote und unkonventionelle oder informelle Arbeitsformen nicht mehr gehen, weil jede Beratungstätigkeit den überprüfbaren Verwaltungsakt voraussetzt, weil alles nach „Hilfeplan" laufen muß (vgl. Kap. 6)?

Ich möchte mich im folgenden zunächst mit dem letztgenannten Problem der Verrechtlichung beschäftigen, um im Schlußteil des Kapitels auf die Frage zurückzukommen, ob es ein sinnvolles Arbeitsmodell für die Erziehungsberatung geben kann, das ihre Integration in die Jugendhilfe als sachgerecht zu akzeptieren vermag (also nicht nur als gesetzlich erzwungene Kröte schluckt) und dennoch nicht die Konsequenz hat, daß Beliebigkeit und fachliche Nivellierung an die Stelle eines klaren Aufgabenprofils tritt.

5.2 Verrechtlichung, Klientenorientierung und Professionalität von Erziehungsberatung

Ich beginne diesen Abschnitt mit einem Argument, das Johannes Münder (1995; vgl. auch 1995a, Maas 1995) als Konsequenz der Dienstleistungsorientierung des neuen Jugendhilferechts für die Sozialpädagogik formuliert hat. Er weist als Jurist darauf hin, daß es einen großen Unterschied mache, ob man Dienstleistung und Klientenorientierung als professionelle Maxime vertritt, die man dann je nach Lage und eigenem Ermessen zum Wohle des Klienten konkretisiert, oder ob es sich um einen „zwingenden Rechtsanspruch" (Münder 1995, S. 301) der Klienten selbst handele. Wenn z. B. ein Anspruch auf „Hilfe zur Erziehung" einmal als begründet festgestellt sei, dann bestehe er unabhängig davon, ob Geld dafür im Etat vorgesehen ist, ob der Fall in die Trägerplanung paßt, „aber auch unabhängig davon, ob die sozialpädagogischen Fachkräfte die konkrete Leistungserbringung aufgrund ihrer pädagogischen Vorstellungen für sinnvoll erachten" (ebd.). Auch die Mitwirkungsrechte (z. B. bei der Aufstellung von Hilfeplänen nach § 36, 2) oder das Recht auf die Berücksichtigung von Wünschen bei der Hilfegestaltung, und das Recht, darauf hingewiesen zu werden (§ 5), bestehen *unabhängig* davon, ob die Mitarbeiter der Jugendhilfe das im Einzelfall sinnvoll finden oder nicht.

Eine Einschränkung der professionellen Autonomie findet hier zweifellos statt, wenn das maßgebliche Steuerungsinstrument der Erziehungshilfen weder der willkürlich auslegbare Verwahrlosungsbegriff, noch die fachkundig erstellte „psychosoziale Diagnose" ist, jedenfalls nicht allein, sondern der „Hilfeplan", der mit „Leistungsberechtigten" (auch mit sperrigen, uneinsichtigen Leistungsberechtigten) aber auch mit anderen Fachgesichtspunkten, z. B. denen der „wirtschaftlichen Jugendhilfe", abgestimmt werden muß. Münder sieht als Folge dieser Verrechtlichung ein prinzipielles

„... Spannungsverhältnis zwischen Sozialleistung einerseits und Sozialpädagogik andererseits. Sozialpädagogisches Handeln ist – wie jedes pädagogische Handeln – normativ orientiert und hat insofern gegenüber dem blanken Wortlaut von Gesetzen eine ‚überschießende' Tendenz. Sozialleistungen, bzw. die Überbringung von Sozialleistungen dagegen ist allein davon abhängig, ob die in den Gesetzesbestimmungen genannten Tatbestandsvoraussetzungen vorliegen. Bleibt hier also unter der Geltung des neuen Kinder- und Jugendhilferechts dem Pädagogen nur noch die ‚unterwürfige Dienstleistungserbringung'?" (ebd.)

Münders Konsequenz ist nicht diese ‚reine' Dienstleistungsorientierung, sondern die Forderung an die Sozialpädagogik, ihre normativen Vorstellungen „offen(zu)legen und ein(zu)bringen" (ebd. S. 302).

„Sie kann sich nicht mehr darauf zurückziehen, daß die professionellen sozialpädagogischen Experten eh schon wissen, was für Kinder, Jugendliche, Familien ‚das beste' ist. Das die Jugendhilfe dann mittels sanfter Strategien, die dem Zugriff und der Auseinandersetzung mit den Leistungsberechtigten entzogen sind, realisiert: durch Zusammenarbeit und Absprache mit ‚bewährten' Trägern; durch Förderung inhaltlich erwünschter Angebote; Dienste und Leistungen; durch Planung nach ihren für pädagogisch richtig erachteten Vorstellungen. Das neue Jugendhilferecht zwingt die Sozialpädagogik, ihre ‚moralische Zumutung' deutlich und offensiv einzubringen. Es schafft und benennt die Orte der Auseinandersetzung. Damit zwingt es zum Abschied von der Fürsorglichkeit." (ebd.)

Was bedeutet das für Erziehungsberatung im Kontext des KJHG? Auf den ersten Blick könnte man meinen, das tangiere sie gar nicht. Beratung sei nicht Pädagogik und nicht „normativ orientiert" und deshalb mit einem Verständnis als Dienstleistung, als vom Klienten frei zu wählende Sozialleistung *spannungslos* zu vereinbaren. Verrechtlichung dieser Dienstleistung sei deshalb nichts als Bürokratisierung, die den freien Zugang zu den Angeboten erschwere (so z. B. Cremer 1995, S. 175).

Diese Argumentation trägt allerdings nur so lange, wie man sich stillschweigend die ganzen Rechtsansprüche wegdenkt bzw. zur Auslegungssache macht. Geht man z. B. so vor wie eine neue Studie zum „Hilfeplan nach KJHG § 36" des „Verbandes katholischer Einrichtungen der Heim- und Heilpädagogik" (1995), die Hilfeplanung sagt, aber „psychosoziale Diagnose" meint, d. h. Hilfeplanung als den Vorgang versteht, in dem es um die exakte Ermittlung eines „Störungsbildes des Kindes" (ebd. S. 22) und um die angeblich mögliche exakte Auswahl der fachlich effektivsten Maßnahme aus der Palette von „Hilfen zur Erziehung" (z. B. nach § 28) geht – wobei die Frage nach der Beteiligung der Betroffenen ausschließlich als Frage nach deren „Zufriedenheit", nicht als Frage nach deren selbstbestimmter Aktivität verhandelt wird – dann bleibt die Rechtsform eine dem professionellen Handeln selbst äußerliche und letztlich lästige Formalie. Wenn man aber, wie Münder das m. E. zurecht tut, die o. g. Kriterien einer krititschen Selbstbeschränkung der Intervention und einer lebensweltlichen Unterstützung von Eigenaktivitäten der Klienten als *gesetzlichen Auftrag* versteht, dann müssen auch Erziehungsberater mit Klienten, aber auch mit „anderen Fachkräften", *über die Sache selbst verhandeln*, d. h. die „moralische Zumutung" ihres besonderen Verständnisses der Problemlage einbringen, ohne sich hinter der scheinbaren Objektivität einer gesicherten wissenschaftlichen Methodik verstecken zu können.

Nimmt man dies ernst, so erscheint auch das Kriterium der Niedrigschwelligkeit und Freiwilligkeit, das gegen die Intergration von Erziehungsberatung in Hilfeplanungsprozesse herangezogen wird, in einem anderen Licht. Niedrigschwelligkeit und Freiwilligkeit der Beratungsangebote heißt ja üblicherweise nicht, daß die Wahl- und Mitgestaltungsrechte all der „Leistungsberechtigten", die nach dem KJHG Rechtsansprüche auf Beratung haben, gestärkt werden. Niedrigschwellig heißt vielmehr gewöhnlich, daß Hemmnisse, die Berater für die Annahme *ihrer* Angebote sehen, abgebaut werden und daß diese Angebote möglichst ohne störenden Einfluß durch sachfremde Erwägungen und Zwänge wahrgenommen werden können. Was aber wäre die Konsequenz, wenn die Erziehungsberatung die ganzen „niedrigschwelligen" Beratungsaufgaben nach § 16 ff. und dazu die Beratungselemente in den „Hilfen zur Erziehung" zu ihrer Sache machte? Dreierlei wäre die notwendige Folge:

– zum einen würde sie erst mal in Arbeit ertrinken und wäre überhaupt nicht in der Lage, zu überleben, ohne Prioritäten zu setzen, wichtigeres und weniger wichtiges zu unterscheiden, also ihre eigenen Normen offensiv ins Spiel zu bringen;

– zum zweiten wäre sie gezwungen, die Verteilung der Beratungslast mit zu organisieren, also zu definieren, welchen Teil der Beratungsansprüche sie selbst gewährleisten kann und welche von anderen Diensten übernommen werden müssen. D. h. sie müßte Jugendhilfeplanung vorantreiben, sich um die Infrastruktur der unterschiedlichen Beratungsangebote und um die Beratungskultur der Jugendhilfe im Ganzen kümmern und auch hier wertend ihre Prioritäten einbringen, und käme dabei auch nicht an der Frage nach Prioritäten bei den Kosten vorbei;

– drittens müßte sie für die Einzelfälle Koordinationsverfahren ersinnen, durch welche eine Verknüpfung, ein Aushandlungsprozeß zustande kommen kann: zwischen ihren eigenen Beratungssettings, den Wünschen der Berechtigten (*aller* Berechtigten, nicht nur der für die eigenen Angebote jeweils passenden!), anderen Beratungs- bzw. Hilfeangeboten und schließlich denen, die Finanzierbarkeitsfragen zu verantworten haben – also irgend ein Verfahren der Hilfeplanung. All dies heißt nicht, daß Erziehungsberatung nur noch im Rahmen von formellen Hilfeplänen i. S. des § 36 tätig werden könnte, die ja vom Gesetz nicht einmal für alle Fälle von „Hilfe zur Erziehung", sondern nur für die „längerfristigen" vorgesehen sind. Aber gerade auch die Gelegenheitsstrukturen und Ressourcen für informelle Hilfen und ad hoc gebende Beratung müssen geplant und vernetzt werden, wenn nicht der Zufall und das kriterienlose Nebeneinander der Angebote regieren soll.

Nicht zu vergessen ist allerdings eine vierte Konsequenz. Erziehungsberatung, die ihr Handlungsverständnis an den Rechtsansprüchen auf Beratung orientierte, hätte eine solidere Basis als bisher, die Einlösbarkeit dieser Ansprüche vom Jugendhilfeträger auch zu fordern. Denn auch dessen mangelnde Einsicht oder Finanzkraft setzt keinen Rechtsanspruch außer kraft. Eine entsprechende Argumentation und, besser noch, ein paar verwaltungsgerichtliche Klagen von Anspruchsberechtigten könnte dem „weichen" Jugendhilfeangebot „Beratung" möglicherweise härtere Verhandlungsbasen verschaffen.

Die Argumentation läuft insgesamt darauf hinaus, daß kein Weg daran vorbei führt, sich als Erziehungsberatung auf die Gesamtverantwortung für eine professionelle und das heißt *sowohl beratungskompetente als auch rechtsverwirklichende* Jugendhilfe mit einzulassen. Es gibt nur diese Professionalisierung nach vorne. Der Rückzug auf die professionelle Enklave des „psychagogischen Modells" wäre nur *gegen* Geist und Buchstaben des KJHG durchzusetzen und die Chancen, dabei mehr zu gewinnen als eine winzige Nische, stehen schlecht. Damit ist die Frage allerdings noch nicht beantwortet, ob dies nun die Sozialpädagogisierung der Erziehungsberatung auf Gedeih und Verderb bedeuten muß, oder ob es die Möglichkeit gibt, besondere und abgrenzbare Aufgaben der Erziehungsberatung im Rahmen einer beratenden Jugendhilfe zu definieren. Die Richtung, in der dies möglich wäre, soll im folgenden Schlußteil angedeutet werden.

5.3 Ein Modell für die Aufgaben von Erziehungsberatung als integraler Teil der Jugendhilfe

Es kann und darf, wie gesagt, nicht darum gehen, Erziehungsberatung als Teil eines letztlich kriterienlosen Einheitsangebots der Jugendhilfe zu verstehen, sondern darum, ihren besonderen Beitrag im Rahmen einer Teilhabe an deren professioneller Ausgestaltung stark zu machen. Dazu gehört auch Arbeitsteilung. Es wäre eine Illusion zu meinen, die Beschwörung ganzheitlicher, lebensweltorientierter Konturen der Jugendhilfe könne schon garantieren, daß auch die professionelle Kultur und die Kompetenzen organisierbar sind, die verhindern, in den Problemen jener Lebenswelt einfach abzusaufen. Dazu gehört die Organisation von geschützten Räumen für Diagnose- und Beratungsprozesse ebenso wie die Absicherung psychologischer Fachlichkeit als besonderer Beitrag zu einer integrierten Jugendhilfe, wie die Sicherung der Integration selbst. Was aber heißt das für die Erziehungsberatung praktisch, als Institution? Mir scheint es eine Überlebensfrage zu sein, ob sie fähig wird, das angedeutete Spannungsverhältnis zwischen spezialisierter Beratungsfachlichkeit und Teilbeitrag zu einer insgesamt beratungsfähigen Jungendhilfe als ihr „Produkt", wie es im neuen Verwaltungsdeutsch heißt, zu organisieren und nach innen wie nach außen hin zu vertreten. Ich formuliere dies im folgenden in vier Thesen[1], die ich jeweils kommentiere.

1. Erziehungsberatung hat die Aufgabe, Beratung nach §§ 16 ff. und nach § 28 KJHG anzubieten, sowohl in der Form des Angebotes niedrigschwelliger formloser Beratungsmöglichkeiten, als auch in der Form der Zusammenarbeit mit anderen Jugendhilfeangeboten, als auch in der Form und als Bestandteil von längerfristigen Hilfen zur Erziehung auf der Grundlage von nach § 36 KJHG erarbeiteten Hilfeplänen.

Die These besagt, daß § 28, der Aufgabe der Erziehungsberatung zusammenfaßt, keineswegs ihre einzige Grundlage darstellen kann,

---

[1] Ich habe diese Thesen in die zum Schluß formulierten, zusammenfassenden Thesen mit aufgenommen.

weil dann ihre Tätigkeit leicht auf verfahrensrechtlich gebundene Einzelmaßnahmen beschränkt werden könnte. Aber auch nach der inhaltlichen Beschreibung von § 28 – die bekanntlich lautet, Erziehungsberatung solle „Kinder, Jugendliche, Eltern und andere Erziehungsberechtigte bei der Klärung und Bewältigung individueller und familienbezogener Probleme und der zugrundeliegenden Faktoren, bei der Lösung von Erziehungsfragen sowie bei Trennung und Scheidung unterstützen" – kann die Aufgabe der Erziehungsberatung nur als jenes Spannungsverhältnis begriffen werden: nämlich einerseits ein *besonderes*, von anderen Jugendhilfeleistungen unterscheidbares Beratungsangebot zu organisieren; andererseits aber dies im Kontext einer insgesamt als „beratend" zu qualifizierenden Jugendhilfe zu tun, wobei die Institution E.B. für die Fähigkeit der Jugendhilfe zu solcher Beratung besondere Verantwortung trägt. Daß Erziehungsberatung im Zusammenwirken von „Fachkräften verschiedener Fachrichtungen" geschehen soll, hat so gesehen eine doppelte Bedeutung: Einmal, daß die Erziehungsberatung *als Stelle* mit „unterschiedlichen methodischen Ansätzen" arbeiten soll, zum andern, daß sie ihre Arbeit nur tun kann, wenn sie mit *anderen Diensten* des Jugendamtes nicht nur organisatorisch, sondern auch fachlich zusammenarbeitet. Ohne diese Annahme müßten aus diesem Auftrag absurde Konsequenzen gezogen werden, entweder, daß Erziehungsberatung den größten Teil der Jugendhilfeaufgabe im Alleingang zu bewältigen hätte, oder aber, daß sich ihr Aufgabenprofil von den meisten andern Fachaufgaben der Jugendhilfe überhaupt nicht mehr unterscheiden läßt. Beides wäre das Ende der Erziehungsberatung. Im Blick auf das organisatorische Selbstverständnis scheint mir die Konsequenz zwingend zu sein, daß Erziehungsberatung ihre Leistungen auf den drei unterschiedlichen Ebenen ansetzen muß, die in der These genannt sind:

a) Organisation eines klientenfreundlichen, niedrigschwelligen, ohne irgendwelche formale Vorbedingungen nutzbaren Beratungsangebotes, das die Anonymität der zu Beratenden zu wahren vermag und dabei Kindern und Jugendlichen den nach § 8, 3 zu gewährenden Vertrauensschutz auch gegenüber den Erziehungsberechtigten sichern kann.

b) Mitorganisation einer beratenden Jugendhilfe, die hinreichend vernetzt ist, so daß sie trotz ihrer arbeitsteiligen Struktur die je nach Einzelfall notwendigen Beratungskompetenzen auch tatsächlich zur Verfügung stellen kann.

c) Beratung als „Hilfe zur Erziehung" und, bei längerfristigem Bedarf, die Mitwirkung bei der fachgerechten Erstellung und Durchführung von Hilfeplänen, wobei die E.B. bei letzterem vor allem gefragt ist, wenn es um die Durchführung von längerfristigen Beratungskontrakten mit tendenziell therapeutischem Charakter geht.

2. *Erziehungsberatung hat die Aufgabe, ihr Beratungssetting in einem erweiterten Sinne zu verstehen und zu organisieren. Sie muß dabei die fachliche Verantwortung eines „Rahmenangebotes" von dem Anbieten eines fallspezifisch geeigneten Beratungssettings unterscheiden.*

Diese These zieht die Konsequenz, die sich aus der Aufgabenbeschreibung nach These 1 für das fachliche Selbstverständnis der Erziehungsberatung ergibt. Sie entspricht dem hier mitvertretenen Konzept einer „lebensweltorientierten Handlungsperspektive" (Keupp s. o.), versucht diese aber durch Verweis auf den beratungsspezifischen Begriff des „settings" zu konkretisieren. Unter „setting" wird gewöhnlich eine für eine spezifische Beratungs- oder Behandlungsart arrangierte raumzeitliche Situation verstanden, die das erwünschte Ergebnis ermöglichen oder wenigstens begünstigen soll (z. B. die analytische „Couch", die „Selbsterfahrungsgruppe", das spieltherapeutisch ausgestattete Beratungsarrangement). Nimmt man die beschriebenen Aufgaben von Erziehungsberatung ernst, so wird man sich mit einem so definierten Begriff von setting nicht begnügen können. Auf der anderen Seite scheint mir wenig damit gewonnen, wenn man anstelle eines klaren Settingbegriffs mit vagen Absichtserklärungen wie „lebensweltorientiert" oder „Geh-Struktur", statt „Komm-Struktur" operiert. Besser scheint es mir, mit einer Unterscheidung zwischen „Rahmenangeboten" und einzelfallspezifischen Beratungsarrangements zu arbeiten. Sie wurde von Meinhold (1987) für die sozialpädagogische Familienhilfe entwickelt, läßt sich aber auch auf sozialpädagogische Fallarbeit (Müller 1993) im allgemeinen und auf Erziehungsberatung im besonderen anwenden.

Die Rede vom „Rahmenangebot" als einem erweiterten Verständnis von „Setting" meint nicht nur die – banale – Tatsache, daß alle Beratungssettings eines organisatorischen Rahmens bedürfen. Vielmehr geht es darum, die Fragen, die den „äußeren Rahmen" der Erziehungsberatung betreffen (also z. B. Räumlichkeiten, Sprechzeiten, Beratungsorte, Vernetzung mit anderen Diensten, Aufbau informeller Kontakte, Öffentlichkeitsarbeit) selbst als *Fachfragen* der Beratungskultur zu behandeln und nicht als Äußerlichkeiten, die man Geschäftsführern oder der Verwaltungsabteilung des Jugendamtes überlassen könnte. Auf der anderen Seite meint „fallspezifisches Arrangement" mehr als die Selbstverständlichkeit, daß es keine „Beratung von der Stange" gibt, und jede qualifizierte Beratung vom Einzelfall ausgeht. Es macht aber schon einen Unterschied, ob es dabei nur um Auswahl und Anwendung jeweils vorgehaltener Beratungstypen geht, oder ob sich Erziehungsberatung durch ihr Rahmenangebot instand setzt, gleichsam das für jeden Fall geeignete Angebot jeweils neu zu erfinden (wie das in anderen Bereichen der Jugendhilfe etwa der Idee einer „flexiblen Erziehunghilfe" (vgl. Klatetzki 1994) entspricht). Das folgende Schema (siehe gegenüberliegende Seite) illustriert diesen doppelten Begriff von „setting".

3. Erziehungsberatung hat die Aufgabe, sich in den Kontext anderer Jugendhilfeangebote so einzubetten, daß daraus angemessene Gelegenheitstrukturen für Beratung entstehen.

Ich habe schon mehrfach betont, daß wenig damit gewonnen ist, der Erziehungberatung „Lebensweltorientierung" und „Geh-Strukturen" zu verordnen, wenn dies bedeutet, daß ihre Aufgaben sich letztlich nicht mehr von denen eines „Allgemeinen Sozialen Dienstes" unterscheiden. Wenn also Integration der Erziehungsberatung in die Jugendhilfe etwas anderes bedeuten soll als „alle machen letztlich dasselbe", dann müssen Kriterien gefunden werden, die das Verhältnis zwischen Erziehungsberatung und anderen Beratungsangeboten sowie „Hilfen zur Erziehung" sowohl hinreichend klar also auch hinreichend flexibel machen. Hier mit dem Begriff „Gelegenheitsstruktur" zu operieren, scheint mir deshalb sinnvoll, weil er auf das in den Erläuterungen zu These 1 beschriebene Spannungsverhältnis bezogen werden kann: Eine angemessene „Gelegenheitsstruktur" für Beratung zu schaffen heißt also, die besonderen Ressourcen und Kompetenzen für Beratung so zu organisieren, daß sowohl die „allgemeinen" Dienste der Jugendhilfe Gelegenheit haben, die für die Erfüllung ihrer Beratungsaufgaben nötigen Zusatzkompetenzen im Bedarfsfall

Schema zu Aufgaben der Erziehungsberatung im Rahmen der KJHG

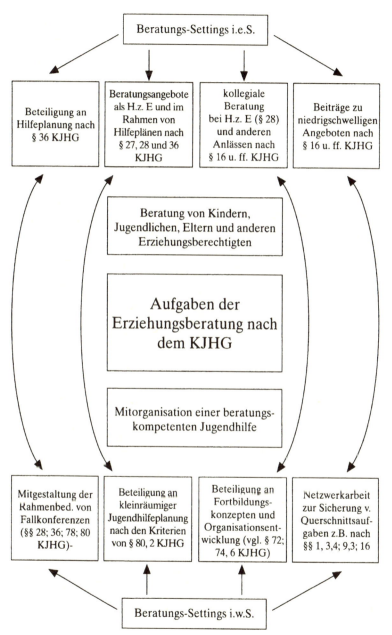

Beratungs-Settings i.e.S.

| Beteiligung an Hilfeplanung nach § 36 KJHG | Beratungsangebote als H.z. E und im Rahmen von Hilfeplänen nach § 27, 28 und 36 KJHG | kollegiale Beratung bei H.z. E (§ 28) und anderen Anlässen nach § 16 u. ff. KJHG | Beiträge zu niedrigschwelligen Angeboten nach § 16 u. ff. KJHG |

Beratung von Kindern, Jugendlichen, Eltern und anderen Erziehungsberechtigten

Aufgaben der Erziehungsberatung nach dem KJHG

Mitorganisation einer beratungs-kompetenten Jugendhilfe

| Mitgestaltung der Rahmenbed. von Fallkonferenzen (§§ 28; 36; 78; 80 KJHG)- | Beteiligung an kleinräumiger Jugendhilfeplanung nach den Kriterien von § 80, 2 KJHG | Beteiligung an Fortbildungs-konzepten und Organisationsent-wicklung (vgl. § 72; 74, 6 KJHG) | Netzwerkarbeit zur Sicherung v. Querschnittsauf-gaben z.B. nach §§ 1, 3,4; 9,3; 16 |

Beratungs-Settings i.w.S.

abzurufen, als auch die „speziellen" Beratungsdienste Gelegenheiten und Anlässe finden können, bei denen solche Zusatzkompetenzen gebraucht werden. Es geht also um eine *wechselseitig verschränkte Struktur* für Beratungsleistungen: einerseits darum, Erziehungsberatung selbst als die „Gelegenheitsstruktur" zu verstehen, welche die Jugendhilfe im Bedarfsfall beratungs*fähig* macht; und andererseits die Jugendhilfe im Ganzen als Gelegenheitstruktur für Angebote der Erziehungsberatung zu verstehen, durch die sichergestellt wird, daß diese nicht im luftleeren Raum und auf zufällige Adressaten hin operiert, sondern ihre vom Gesetz gewollten Zielgruppen tatsächlich erreichen kann. Daraus läßt sich eine doppelte Definition des Verhältnisses von Erziehungsberatung und Jugendhilfe ableiten:

a) Erziehungsberatung ist diejenige Fachstruktur der Jugendhilfe, die zu dem Zweck eingerichtet wird, daß „Kinder, Jugendliche, Eltern und andere Erziehungsberechtigte" Gelegenheit haben, Beratung zu suchen und zu finden.

b) Erziehungsberatung ist diejenige Fachstruktur der Jugendhilfe, welche die Aufgabe hat, in allen Leistungsbereichen der Jugendhilfe Beratungsbedarf zu erkennen, Beratungsgelegenheiten zu fördern und Beratungsangebote zu unterstützen und zu ergänzen.

Die erste dieser Definitionen kann sich sowohl auf Beratungsangebote im Sinne eines Beitrages zu den „Hilfen zur Erziehung" (§ 28 KJHG), als auch auf Beratungsansprüche i. S. der §§ 8 u. 18 ff. KJHG beziehen. Die zweite Definition scheint mir deshalb wichtig, weil sie eine Grenze gegen die diffuse Allzuständigkeit setzt, die aus der ersten mißverständlich abgeleitet werden könnte. Erziehungsberatung kann nicht schnell mal nebenher in sozialen Brennpunkten Jugendarbeit oder Integration von Vorschulkindern oder Sozialpädagogische Familienhilfe machen, oder prinzipiell für alle Trennungs- und Scheidungsfälle zuständig sein. Sehr wohl aber kann sie in all diesen und anderen Feldern der Jugendhilfe ihr Beratungsangebot situieren und auf diese Weise immer dann und dort einen spezifischen Beitrag leisten, wenn und wo spezifischer Bedarf danach besteht.

4. Erziehungsberatung hat die Aufgabe, Beratungsressourcen für andere Dienste der Jugendhilfe, sowie für Schulen, Einrichtungen der Familienselbsthilfe u. ä. anzubieten.

Diese letzte These behauptet, daß ein spezifischer Teil des Auftrags von Erziehungsberatung darin bestehe, nur indirekt für Klienten, direkt aber für die Beratung von Mitarbeitern der Jugendhilfe und anderer auf Kinder, Jugend und Familie bezogenen Dienste und Einrichtungen zur Verfügung zu stehen. Dies ist speziell gemeint, wenn oben gefordert wurde, daß Erziehungsberatung eine besondere Verantwortung dafür übernehmen müsse, die Jugendhilfe *im Ganzen* beratungskompetent zu machen. Ein solches Postulat muß freilich präzisiert werden. Es kann weder bedeuten, daß Erziehungsberatung Spezialistin für heiße Kartoffeln, noch, daß sie allgemeiner Müllabladeplatz oder Lückenbüßer für fehlende Praxisberatung der übrigen Dienste sein soll. Wohl aber bedeutet es, daß der Stellenwert von Erziehungsberatung in der Jugendhilfe, und zugleich der Aufwand für die besonderen Kompetenzprofile, über die sie im Vergleich zu anderen Diensten der Jugendhilfe verfügt, auch daran zu messen sind, ob diese besondere Beratungskompetenz von jenen anderen Diensten gesucht, gefunden und in Anspruch genommen werden kann.

Fazit des Ganzen: Es gibt kein postmodernes „anything goes" für Erziehungsberatung in der Jugendhilfe, sondern ein klares Aufgabenprofil, das allerdings sehr hohe Anforderungen an ihre Fähigkeit zu flexiblen Reaktionsweisen und zur „Verarbeitung von Ungewissheit" (Olk 1986, S. 150 ff.) stellt. Daß diese Anforderungen so sind, liegt allerdings letztlich daran, daß die Lebensverhältnisse der Menschen „postmodern" geworden sind: Dies bedeutet u. a., daß man beim Bedarf nach Hilfe immer schwerer säuberlich unterscheiden kann, was „Sinnkrise" und was „seelische Störung", was „Erziehungskrise" und was „Elternkrise" ist, was individuell mißlingender oder riskanter Lebensführung und was allgemeinen Lebensverhältnissen zuzuschreiben ist. Aber das aufzudröseln ist hier nicht mein Thema, sondern, mit Fontane und Günter Grass zu sprechen „ein weites Feld" – zumindesten: ein weiteres, ein anderes Feld.

Ich fasse zum Schluß in 10 Thesen zusammen:
1. Das „psychagogische" Modell von Erziehungsberatung deckt sich nicht (mehr) mit der Praxis der Beratungsstellen
2. Erziehungsberatung ist „sozialpädagogischer" geworden, aber ihre spezifische Aufgabe ist damit nicht unbedingt klarer geworden.
3. Das neue Jugendhilferecht (KJHG) stärkt die Professionalität der

Jugendhilfe im ganzen und macht gerade dadurch die professionelle Autonomie der EB zum Problem.

4. Das KJHG zwingt dazu, das Spannungsverhältnis zwischen sozialer Dienstleistung und erzieherischer Hilfe auszuhalten.

5. Gegenüber diesem Spannungsverhältnis kann sich die Erziehungsberatung nicht mehr auf einen neutralen, „klinischen" Standpunkt zurückziehen.

6. Erziehungsberatung kann ihre Beteiligung an Prozessen der Hilfeplanung und Jugendhilfeplanung nicht mehr als von außen gesetzte, fremde Aufgabe verstehen, sondern muß diese Beteiligung aus Eigeninteresse suchen und fordern.

7. Erziehungsberatung hat die Aufgabe, Beratung nach § 16 ff. und § 28 KJHG anzubieten, sowohl in der Form des Angebotes niedrigschwelliger formloser Beratungsmöglichkeiten, als auch in der Form der Zusammenarbeit mit und kollegialen Beratung von anderen Jugendhilfeangeboten, als auch in der Form und als Bestandteil von längerfristigen Hilfen zur Erziehung auf der Grundlage von Hilfeplänen.

8. Erziehungsberatung hat die Aufgabe, ihr Beratungssetting in einem erweiterten Sinne zu verstehen und zu organisieren. Sie muß dabei die fachliche Verantwortung für die Herstellung eines angemessenen „Rahmenangebotes" von dem Anbieten eines fallspezifisch geeigneten Beratungssettings unterscheiden und für beides übernehmen.

9. Erziehungsberatung hat die Aufgabe, sich in den Kontext anderer Jugendhilfeangebote so einzubetten und sich so mit diesen zu vernetzen, daß daraus angemessene Gelegenheitstrukturen für Beratung entstehen.

10. Erziehungsberatung hat die Aufgabe, Beratungsressourcen für andere Dienste der Jugendhilfe, sowie für Schulen, Einrichtungen der Familienselbsthilfe u. ä. anzubieten.

6 Qualitätskriterien für das „Produkt" Beratung in der Jugendhilfe

Thesen zu Grenzen und Gefahren der outputorientierten Steuerung

6.1 ERZIEHUNGSBERATUNG UNTER DRUCK

„Ein Gespenst geht um in der Jugendhilfe – das Gespenst der outputorientierten Steuerung". So beginnt ein Artikel, mit dem die Bundeskonferenz für Erziehungsberatung ihre Mitgliedsorganisationen über den Stand der Dinge informiert (Menne 1995, S. 30). Erziehungsberatung steht demnach unter Druck. Ursprung dieses Kapitels ist ein Vortrag auf einer sehr gut besuchten Tagung jener Bundeskonferenz über „Produktbeschreibungen" und „Outputorientierte Steuerung"[1]. Die meisten Teilnehmer waren offenkundig nicht aus leidenschaftlichem Interesse an diesem Thema gekommen, sondern weil sie wußten, daß hier Gefahr droht. Hier geht es um die Wurst. Hier wird das Fell des Bären verteilt und wer nicht weiß, was hier gespielt wird, den beißen die Hunde.

Nun muß Druck an sich ja noch nichts Schlechtes sein. Das gilt z. B. für den Druck, der Klienten in die Beratungspraxis führt. Er kann lähmen, kann den Effekt des Kaninchens vor der Schlange erzeugen, kann eine Kultur der Hilflosigkeit und Weinerlichkeit erzeugen. Er kann aber auch Herausforderung sein, Kräfte mobilisieren, kann heilsame Zwänge zur Selbstüberprüfung und Klärung der eigene Kräfte und deren sinnvoller Verwendung schaffen.

Letzteres ist allerdings vor allem dann nicht einfach, wenn der Druck von mehreren Seiten gleichzeitig kommt. Und das scheint die aktuelle Situation der Erziehungsberatung zu sein. Sie steht ja nicht nur unter dem Druck der kommunalen Haushaltslagen, in denen oft „Outputorientierte Steuerung" gesagt wird, wenn Etatkürzungen gemeint sind. Vielmehr ist Erziehungsberatung auch in zwei anderen Hinsichten

---

[1] Eine Fassung dieses Kapitels findet sich in der Tagungsdokumentation, welche die Bundeskonferenz für Erziehungsberatung (1996) publiziert hat.

unter Legitimationsdruck und in einem schwierigen Prozeß der Um-
orientierung begriffen: hinsichtlich ihrer fachlichen Kriterien und hinsichtlich ihrer gesetzlichen Grundlagen.

– Sie muß sich fachlich mit Vorwürfen auseinandersetzen, wie sie etwa der 8. Jugendbericht (1990) erhoben hatte, muß beweisen, daß sie
einen wesentlichen Beitrag zu einer lebensweltorientierten, niedrigschwellig und unbürokratisch nutzbaren Jugendhilfe für unterprivilegierte Klienten erbringt. Ihr fachlicher Sonderstatus als einer aus der
Jugendhilfe de facto ausgegliederten professionellen Enklave wird ihr
bestritten[2]. Und zwar gerade deshalb mit Erfolg bestritten, das ist der
zweite Punkt,

– weil mit dem KJHG eine neue Gesetzeslage entstanden ist, die Jugendhilfe insgesamt auf Standards verpflichtet, die bis dahin allenfalls die Erziehungsberatung gewährleisten konnte – wie garantierter
Datenschutz, vereinbarte Dienstleistung statt Bevormundung und insgesamt die vielfältigen Beratungsaufgaben, die im Kontext eigentlich
aller Leistungen der Jugendhilfe zu erfüllen ist. Der paradoxe Effekt
für die EB, den ich im vorhergehenden Kapitel dargestellt habe ist:
Gerade weil die Jugendhilfe im ganzen vom Gesetz her gezwungen ist,
beratender und professioneller zu werden, steht die *besondere* Aufgabe der Erziehungsberatung zur Disposition.

1. These: Gerade weil die Jugendhilfe im Ganzen gezwungen ist,
professioneller zu werden, steht die professionelle Substanz der Er-
ziehungsberatung auf der Kippe.

Wenn z. B. umgesetzt wird, was die KGSt in ihrem Bericht 3/95 immerhin als Alternative diskutiert, nämlich die Eingliederung von EB
in die „sozialen Dienste" dezentralisierter Außenstellen des Jugendamtes (vgl. ebd., S. 35 f., 39 ff., 47, 55), dann ist nicht mehr selbstverständlich, sondern muß legitimiert werden, was Aufgaben der Erziehungsberatung und Aufgaben z. B. des ASD überhaupt noch unter-

---

[2] z. B.: – Räume außerhalb der stigmatisierenden Einflußzone des Amtes, in
denen fachliche, auch therapeutische Settings möglich sind
– Verzicht auf Aktenführung, garantierte Vertraulichkeit,
– Beschränkung der Angebote auf Klienten, die freiwillig kommen, nur Beratung und nichts anderes wollen und Vereinbarungen einhalten (was de facto
eine Auswahl der Jugendhilfeklientel bedeutet)

scheidet, sonst sind die Stellen demnächst weg. Erziehungsberatungs-stellen in freier Trägerschaft kann das noch schneller und härter treffen.

Was ich damit sagen will ist: Wenn in dieser Situation der fachlichen und rechtlichen Neuorientierung „Produktbeschreibungen" verlangt werden und dies im Kontext von scharfen Spardebatten, dann ist der Effekt von Kaninchen und Schlange nicht leicht zu vermeiden. So scheint es vielerorts zu sein: Man duckt sich, man versucht noch ein-mal davon zu kommen. Von Mobilisierung der Kräfte, von offensivem Umgang mit dem Prinzip „Produktbeschreibungen können nur von den Fachleuten selbst entwickelt werden" (In: Eichmann 1995 a, Leit-linie 5), ist wenig zu spüren. Dabei wäre das die einzige Chance, aus der Situation mit einigermaßen heiler Haut herauszukommen.

Ich möchte deshalb nicht die Kassandra spielen und den Teufel einer nur noch an ökonomische Effizienz denkenden Jugendhilfe bzw. Er-ziehungsberatung an die Wand malen. Kassandras gibt es genug und vielleicht haben sie ja sogar recht. Nur nützen sie nichts. Ich glaube auch nicht, daß das eigentliche Problem bei der ökonomistischen Ma-nagement-Sprache der neuen Steuerleute liegt, denen ja von manchen vorgeworfen wird, sie verwechselten Hilfe für Menschen in Not mit Autoverkaufen und ließen die humane, die nicht ausrechenbare Seite außer acht. Natürlich gibt es hier die Technikgläubigen und die Spe-zialisten für organisatorische Luftballons, welche laut aufsteigen und leise platzen. In vielen Fachpublikationen melden sich Leute zu Wort, die offenkundig meinen, es komme auf das schicke neue Organisa-tionsmodell und nicht auf die Menschen, nicht auf den sachlichen und ethischen Gehalt des Modells an (vgl. Kap. 4). Aber die gibt es immer. Es sind Leute, die selbst nicht verstanden haben, daß es ja gerade bei den „neuen Steuerungsmodellen" eigentlich auch um ethische Ziele geht, wie „Dienstleistung" und „Kundenorientierung", „Qualitäts-management", „Priorität der Sachziele vor der Eigengesetzlichkeit der Verwaltung", „Rechenschaftspflicht", „Transparenz" u. ä. Daß diese Ziele mit einer professionellen Ethik der Beratung und der Jugendhilfe unvereinbar sein sollen, das müßte erst mal einer beweisen.

Ich will deshalb hier auch nichts gegen „Outputorientierung" und die damit verbundenen Kontrollabsichten als solche sagen, die ich im Grundsatz sogar berechtigt finde. Ich will nur versuchen, die fachliche und die ethische Seite in die Diskussion einzubringen, weil sonst das

Ganze wirklich destruktiv wird. Mein Verdacht ist nämlich, daß die „Grenzen und Gefahren" der „outputorientierten Steuerung" gar nicht so sehr bei deren Prizipien und Denkweisen liegen, wenn sie wirklich zum Zug kämen. Daß vielmehr etwas anderes zum Zug kommt, nämlich Etikettenschwindel.

2. These: Es gibt Gründe, von „Produktbeschreibungen" nichts Gutes zu erwarten; und die haben weniger mit der Theorie, als mit der Praxis der Einführung des Produktbegriffs in die Jugendhilfe zu tun.

Es wird Steuerung vom Output, vom Ergebnis her, gesagt, aber für die Ergebnisse von Beratung interessiert sich letztlich niemand. Was interessiert, ist, ob der Input klein genug bleibt, kalkuliert werden und wenn möglich heruntergefahren werden kann.

Es wird gesagt, daß von strategischen Zielen und Aufgabenklärungen her gedacht und die „richtigen" Leistungen bestimmt werden sollen und, daß nur Fachleute dazu in der Lage seien. Aber wenn man mal ansieht, was für Modelle von Produktbeschreibungen in unserem Feld gehandelt werden, dann stößt man auf ein Problem. Es geht im wesentlichen um die Modelle der KGSt – die ja kaum jemand in der Kommunalverwaltung als bloße Beispiele zu behandeln wagt, wie die KGSt selbst treuherzig versichert. Es handelt sich schließlich um die Vorschläge des Vatikans der deutschen Kommunalverwaltung, also um so etwas wie Gottes Wort für einen ordentlichen deutschen Kommunalbeamten. Bei diesen Modellen nun liegen offenkundig Aufgabendefinitionen zugrunde, die ganz von den konventionellen Untergliederungen der Jugendhilfe bzw. des Jugendamtes geprägt sind. Sie sind zum Teil natürlich vernünftig, zum Teil aber auch fragwürdig, vor allem dort, wo die seit 1991 verbindlichen „strategischen Ziele" der Jugendhilfe, nämlich diejenigen des KJHG, eigentlich eine gründliche Revision traditioneller Aufgabenzuschnitte verlangt (vgl. dazu auch Kap. 3). Dies gilt z. B. für die Aufgliederung in die Produktgruppen „familienergänzende Hilfen" (wozu u. a. Beratung gehört) und „familienersetzende Hilfen", wie sie der Aufgabenteilung des JWG entsprach, das zwischen Erziehungshilfen und der (vom Landesjugendamt zu gewährenden) FEH bzw. Fürsorgeerziehung unterschied. Da letztere vom KJHG ersatzlos abgeschafft sind, gibt es nach dem KJHG, das sich hier auf das Grundgesetz bezieht (der Elternrechtsparagraph 6 des Grundgesetzes wird im KJHG § 1 wörtlich zitiert), strengenommen keine „familienersetzenden Hilfen" außer wenn, wie z.B. im Fall von Adoptionsvermittlung, de facto keine Familie existiert. Auch bei schwierigen, schlimmen Familienverhältnissen, die Fremdplazierungen (Pflege oder Heim) unausweichlich machen, geht es erstmal nicht um Familienersatz, sondern – neben der Stabilisierung und Entwicklungsförderung des Jugendlichen – um die Wiederherstellung der Fähigkeit der Sorgeberechtigten, ihre Erziehungsaufgabe wahrzunehmen; und erst wenn dies definitiv nicht geht, um Familienersatz[3].

Die Einteilung von Jugendhilfeleistungen in „familienergänzende" und „familienersetzende" ist aber nicht deshalb gefährlich, weil es damit unmöglich würde, produktgruppenübergreifende Organisationseinheiten zu schaffen. Die KGSt schlägt das in einem ihrer Berichte (3/95) insbesondere für „Außenstellen" des Jugendamtes sogar vor. Gefährlich ist sie, weil sie, wie ich z.B. mit einer empirischen Untersuchung zur Hilfeplanung belegen kann (vgl. oben Kap. 3.2), einer nicht-strategischen, nicht zielorientierten, sondern konventionell weiterwurstelnden Jugendhilfepraxis entgegenkommt, die genau in diesen Kästchen von entweder „ergänzend" oder „ersetzend" denkt und hier die Legitimation kriegt, alles genauso zu machen wie bisher. Die Produktbeschreibung von „Beratung" bestätigt insofern den Vorwurf, den Merchel gegen den allgemeineren Entwurf der KGSt zur Produktbeschreibung in der Jugendhilfe (KGSt 9/1994) erhob: „Der von der KGSt verwendete Produktbegriff wird erstens dem komplexen Interaktionsgeschehen in der sozialen Arbeit nicht gerecht und zeigt zum zweiten auch deswegen keine Lösung des Problems an, weil er rein deskriptiv ist. Er benennt lediglich das Problem, ohne Lösungsperspektiven zu eröffnen" (Merchel 1995, S. 333). Der Vorwurf geht aber eigentlich nicht an die Managementexperten der KGSt, die ja nichts von Jugendhilfe verstehen müssen. Sondern die Jugendhilfefachleute, die sie beraten haben, konnten oder wollten anscheinend keine „strate-

---

[3] vgl. dazu z.B. den KJHG-Kommentar von Schellhorn/Wienand zu § 34 Rz. 4. Auch fremdplazierende Hilfen ersetzen nicht einfach die Familie, wie die in den §§ 37 und 38 KJHG betonten Elternrechte zeigen, außer natürlich in Fällen von Entzug des Sorgerechtes. Diese Fälle unterliegen aber, insbesondere durch den ins BGB eingefügten § 1666 a, als Ausnahmefälle sehr strengen Kriterien.

gischen Ziele und Aufgaben" einbringen, sondern wollten wohl, daß
alles so bleibt, wie es ist, bloß halt moderner gestylt.

6.2 DAS „PRODUKT" BERATUNG

Der Vorschlag der KGSt zu einer Produktbeschreibung für „Beratung"
(eine Dokumentation dieser Produktbeschreibung als Anlage ist aus
Platzgründen leider nicht möglich) ist nun das entscheidende Beispiel;
und hier ist leider etwas ähnliches zu sagen: daß nämlich eher konven-
tionelle Aufgabenzuschnitte, aber nicht die Klärung strategischer Ziele und die Frage nach den „richtigen" Leistungen bei der Entstehung
dieser Produktbeschreibung maßgebend gewesen sein müssen. Wäre
diese Klärung erfolgt, dann hätte den Produktbeschreibern auffallen
müssen, daß Beratung nach dem KJHG zunächst einmal gar keine spezielle Leistung darstellt, sondern das allgemeinste aller Rechte ist, das
den leistungsberechtigten Bürgern nach diesem Gesetz zusteht. Nicht
nur deshalb, weil Beratung von „Eltern und anderen Erziehungsberechtigten" schon in § 1 unter den allgemeinsten Aufgaben der
Jugendhilfe genannt wird. Nicht nur deshalb, weil nach SGB I, § 14
überhaupt alle Leistungserbringung nach dem Sozialgesetzbuch bera-
tenderweise erfolgen muß. Vielmehr formulierte das KJHG in einer
Fülle von Paragraphen spezifische *Rechtsansprüche* auf Beratung:

z. B. nach § 8 für Kinder und Jugendliche, die sich ans Jugendamt wenden,
besteht dieser Anspruch grundsätzlich und auch ohne Wissen ihrer Eltern;
nach § 11 im Kontext von Jugendarbeit; nach § 16–18 für Erziehungsberechtigte allgemein, bei Trennungs- und Scheidungsfragen, für Alleinerziehende, bei Schulproblemen (§ 21); wenn es sich um Tagespflegepersonen
(§ 23) oder „selbstorganisierte Förderung von Kindern" (§ 25) handelt; natürlich bei Fällen von Hilfen zur Erziehung (§ 28), wo ja nicht nur Kinder,
Eltern und Jugend, sondern auch andere Erziehungsberechtigte (z. B.
Heimerzieher) zu beraten sind; es gilt insbesondere bei der Planung von
längerfristigen HzE (§ 36), bei Heimunterbringung (§ 37), es gilt für junge
Volljährige (§ 41); bei Inobhutnahme (§ 42), bei „Verfahren zur Annahme
als Kind" (§ 51), für Väter nichtehelicher Kinder (§ 51, 3), für Pfleger und
Vormünder (§ 53).

Insgesamt kann man jedenfalls sagen, daß unter dem Stichwort „Produkt Beratung" die Grundsatzfrage hätte in den Blick kommen müssen, *wie überhaupt ein zur Beratung und damit zur Sicherung von
Klientenrechten fähiges Jugendamt gewährleistet werden kann* (vgl.

dazu auch Kap. 5). Die Verengung der Produktdefinition auf einzeln benennbare Leistungen (und das Absehen von Beratung als Verfahren zur Vermittlung und Sicherung von Rechtsansprüchen auf diese Leistungen) ist aber noch nicht alles. Zwar werden aus der Palette der vom Gesetz vorgesehenen allgemeineren Beratungsleistungen einige (§ 16–18) als „Auftragsgrundlage" mit erwähnt. Auch wird in den Stichpunkten zu „Leistungsumfang", und „Finanzen, Budget" vermerkt, daß es „fallübergreifende" Aufgaben, „Allgemeine Beratung von Kindern, Jugendlichen und deren Familien", und „Trennungs- und Scheidungsberatung" nicht nur Erziehungberatung im engeren Sinne zu bewältigen gilt. Dabei scheint aber konkret nur an § 28 gedacht zu sein. Denn bei den „Daten zur Quantität, Qualität, Zielerreichung" tauchen nur noch die §§ 28 und § 36 auf. D. h. das „Produkt Beratung" wird, je konkreter es wird, desto mehr auf die Form „Hilfe zur Erziehung" bzw. „längerfristige Hilfe zur Erziehung" beschränkt.

3. These: Die Beschreibung des „Produkts" Beratung durch die KGSt geht von einem verengten und konventionellen Verständnis von Beratung aus, das weder dem Anspruch des Gesetzes, noch erstrebenswerten fachlichen Standards gerecht wird.

Nimmt man das KGSt „Beispiel" ernst – und wer könnte sich leisten, es nicht ernst zu nehmen? – so bedeutet das: Nach dieser Beschreibung ist Beratung als Produkt von Jugendhilfe nur noch möglich bzw. nur noch finanzierbar, wenn ein entsprechender Bedarf und die Eignung und Notwendigkeit dieser Beratung vorher in einem „anspruchsbegründenden Verfahren" festgestellt und bewilligt worden ist Ein solches Verfahren ist nämlich, wie man in allen Kommentaren nachlesen kann, zwingende Voraussetzung jeder „Hilfe zur Erziehung". Bei „längerfristigen" muß dies außerdem in der Form eines Hilfeplanverfahrens erfolgen[4]. Dies bedeutet, daß diese Produktbeschreibung, dort

---

[4] Vgl. dazu bes. den Beitrag von Johannes Münder: „Erziehungsberatung im Spannungsfeld, das KJHG und die Aufgabe der freien Träger", in: Neue Praxis 4/1995, S. 359 ff. bes. S. 361 ff. Er macht deutlich, daß trotz der inhaltlich ähnlichen Aufgabenbeschreibungen für Beratung in § 16 ff. einerseits und § 28 andererseits, die Leistungsvoraussetzungen rechtssystematisch ganz verschieden sind. Bei den Hilfen zur Erziehung (hier § 28) entsteht die Pflicht zur Leistung durch einen individuellen Anspruch, der nur durch ein Verfahren festgestellt werden kann. Bei den anderen Paragraphen handelt es sich da-

wo sie konkret und materiell faßbar wird, ihre eigene Definition ad absurdum führt, Beratung sei „ein niedrigschwelliges Angebot, das die Klienten möglichst unmittelbar in Anspruch nehmen können und sie bei ihren Fragen und Problemen unterstützt"[5]. Die Konsequenz wird sein, daß de facto gerade alle „niedrigschwelligen", d. h. verfahrensfreien Beratungsleistungen, alle Arbeit der Vernetzung mit anderen Diensten, alle gemeinwesenorientierten Beratungsprojekte, alle Arrangements von informellen Beratungsgelegenheiten, kurz alle fachlichen Innovationen der letzten Jahre hin zu einer „lebensweltorientierten" Erziehungsberatung infrage gestellt werden. Dies gilt insbesondere, sofern sich der Trend fortsetzt, daß nur noch harte Gesetzesverpflichtungen finanziert werden, während alle „großzügigen" Gesetzesauslegungen dem Rotstift zum Opfer fallen.

Was dann bleibt und in den Controllingdaten erfaßt wird, ist die eine allerkonventionellste „Erziehungsberatung im engeren Sinn", – die für sich genommen natürlich notwendig ist, aber allein gewiß nicht den Beratungsauftrag der Jugendhilfe erfüllt (vgl. Kap. 5.3). Zumal hier nicht nur die traditionelle „Komm-Struktur" die Schwelle zur Beratung bildet, sondern eine „Komm-und-begründe-Deinen-Anspruch-auf-Hilfe-zur-Erziehung-Struktur". Wie gesagt: „niedrigschwelliges", „fallübergreifendes" „präventives" Arbeiten ist auch dann nicht

---

gegen „um eine Verpflichtung des öffentlichen Trägers" (Münder a. a. O. S. 362), die als solche besteht, ohne daß sie durch einen individuellen Anspruch erst begründet werden müßte, und auch ohne daß ein solcher individueller Anspruch aus ihr abgeleitet werden kann.

[5] Selbst wenn, z. B. in Verhandlungen mit dem Städtetag, der Jugendhilfe zugesichert würde, daß § 28 im Sinne eines „niedrigschwelligen" Angebotes auszulegen sei, wäre es m. E. gefährlich, darauf zu bauen. Eine solche Zusicherung könnte keine Auslegungssicherheit geben. Denn es bleibt ja der Tatbestand, daß nach § 28 die Leistungsansprüche nur von den vorliegenden Einzelfällen her zu begründen sind, während „niedrigschwellige" Angebote, die diesen Namen verdienen, als Rechtsanspruch nur durch die Verpflichtung zu einer entsprechenden Infrastruktur der Beratungsangebote begründet werden können. Solange es keine allgemeinen Leistungsverpflichtungen für eine angemessene Beratungsinfrastruktur der Jugendhilfe gibt, kann jeder praktische Versuch, die Beratung „niedrigschwelliger" zu machen, jederzeit durch die Behauptung diskreditiert werden, daß damit nur Beratungsbedarf erzeugt, aber nicht bestehender Bedarf gedeckt und damit eine bestehende Leistungsverpflichtung erfüllt werde.

verboten. Es wird, wie in den KGSt Papieren, so auch in den Sonntags-
reden der Kommunalpolitiker weiter ausdrücklich gefordert werden.
Aber es gibt kein Geld dafür. Finanziell zu Buch schlagen nur noch
die genehmigbaren –weil gesetzlich vorgeschriebenen – Beratungsanlässe und die in „Beratungseinheiten" erfaßbaren Einzelfälle. Und
ich fürchte: Genau das ist gewollt: Nicht die verbesserte Beratungs-
struktur, auch nicht das zur beratenden Sicherung von Klientenrechten
fähige Jugendamt ist das Ziel, sondern – koste es was es wolle –
die Kontrolle der zählbaren Einzelfälle. Nicht um „outputorientierte
Steuerung", sondern um das kalkulierbare Budget, die Deckelung,
kurz, die verbesserte Inputsteuerung geht es. Ich behaupte noch nicht
einmal, daß dies Intention der KGSt sei. Aber so wird ihr Modell in
den kommunalen Führungsetagen gelesen.

6.3 Fragen zur Qualitätssicherung von Beratung in der Jugendhilfe

Ich möchte im folgenden zweiten Teil diese Kapitels einige Fragen
diskutieren, die m. E. zu klären sind, wenn es zu einem fruchbaren
Dialog zwischen Beratungsfachlichkeit bzw. Jugendhilfefachlichkeit
und ökonomischer Effizienzdiskussion kommen soll, wenn die Null-
summenspiele zwischen beiden Seiten beendet werden sollen. Ich
möchte zu diesen Fragen auch Thesen bzw. Modelle zur Diskussion
stellen. Es geht mir um drei Fragen: 1. Was kann sinnvollerweise gemeint bzw. nicht gemeint sein, wenn Beratung als „Leistung" bzw.
Produkt bezeichnet wird? 2. Was sind notwendige Kriterien, an denen
sich Produktbeschreibungen für Beratung orientieren müssen? 3. Welches Leistungsprofil läßt sich für die E./B. aus den der Jugendhilfe
vom Gesetz abverlangten Beratungsleistungen ableiten?
Zur Frage 1: Was kann sinnvollerweise gemeint bzw. nicht gemeint
sein, wenn Beratung als „Leistung" bzw. Produkt bezeichnet wird?
Hier geht es um ein scheinbar banales Mißverständnis. Es wird in der
Diskussion so getan, als sei eines ganz klar: Nämlich daß es hier um
das Produkt „Beratung" gehe. So wie ein Restaurant Abendessen in
angenehmer Atmosphäre als sein Produkt verkauft, so wie das Aus-
leihen von Büchern Produkt der Dienstleistungseinheit Stadtbücherei,
oder wie das Einwohneramt An- und Abmeldungen oder Ausstellen

von Steuerkarten als Dienstleistung vollzieht, so auch die Dienstleistungseinheit Beratungsstelle mit ihrem Produkt „Beratung". Die Bürgerinnen und Bürger mit einschlägigen Problemen sind dann die potentiellen Kunden, die das Produkt abnehmen. Die Grundfigur ist immer die einer Transaktion zwischen eher aktiven Leistungserstellern und eher passiven Leistungsabnehmern (unabhängig davon, ob letztere dafür unmittelbar Gegenleistungen – z. B. Gebühren – erbringen oder nicht.)

Für Beratung paßt diese Figur deshalb nicht so recht, weil hier eigentlich keine Transaktion zwischen Leistungserstellern und Leistungsabnehmern stattfindet, sondern eine *Koproduktion;* (in Therapien oder in der Jugendarbeit (vgl. Kap. 8) ist das ähnlich). Ratsuchende sind *beim Beratungsprozeß selbst keine Kunden.* Wenn man schon ökonomische Bilder verwenden will, sind sie eher Mitunternehmer in einem „joint venture". Denn ihre Selbstveränderung, ihr Aktiv-Werden entscheidet letztlich darüber, ob Beratung effektiv war und nicht das, was Berater tun. „Kunden" sind Ratsuchende *ehe* die Beratung beginnt, solange sie nämlich prüfen und entscheiden können oder müssen, *welche* Beratung sie in Anspruch nehmen wollen; und sie sind es *danach* – sofern sie gefragt werden oder sich fragen, was die Beratung „gebracht hat", aber nicht während der Beratung selbst. Die ganze Diskussion über die Unvereinbarkeit von „ökonomistischen" und „professionellen" Betrachtungsweisen (vgl. Klatetzki 1995; Olk 1994) ließe sich vermeiden, wenn klarer wäre, daß Produkbeschreibungen *nie* den Kern des fachlichen (z. B. beratenden) Handelns betreffen können, sondern immer nur dessen Rahmenbedingungen beschreibbar und in Grenzen steuerbar machen können.

4. These: Von dem „Produkt" Beratung zu reden ist streng genommen unsinnig, weil zu Beratende zwar vor und nach, aber nicht während der Beratung als „Kunden" betrachtet werden können. Während der Beratung sind sie Ko-Produzenten.

„Produkt" ist also genau genommen nicht die Beratung, sondern das Beratungsangebot, seine Zugänglichkeit, seine Rahmenbedingungen und ihre zeitliche und räumliche Gestaltung. Das ist übrigens bei allen personenbezogenen Dienstleistungen so, z. B. bei Ärzten. Deren Gebührenordnung – auch eine perfekte „Produktbeschreibung", die in ihrer kostendämpfenden Wirkung vorsichtig gesagt umstritten ist – sieht ja an einer unter unzähligen Positionen auch die Leistung „intensive Beratung" (GOÄ 25) vor, meint damit aber nicht die Beratung selbst, sondern einen willkürlich definierten durchschnittlichen Zeitaufwand *für* Beratung. Wobei sicher kein Zufall ist, daß gerade Beratung das problematischste, am schwersten quantifizierbare Kapitel dieser Gebührenordnung ist. Alle sächlichen Behandlungsarten, bei denen der Patient eine passive Rolle spielt, sind besser direkt als Leistung erfaßbar, meßbar, überprüfbar. Nur führt das bekanntermaßen nicht dazu, daß ärztliche Dienstleistung billiger wird.

5. These: Gegenstand von Produktbeschreibungen können immer nur Rahmenbedingungen von Beratung (settings im engeren und weiteren Sinne) sein, nicht aber Beratung, ihre Ziele und ihre Wirkungen selbst.

Zur Frage 2: Was sind notwendige Kriterien an denen sich Produktbeschreibungen für Beratung orientieren müssen?
Wenn klarer wäre, daß mit „Produkt" in unserem Bereich sinnvollerweise nicht die Beratung selbst, sondern nur ihre Rahmenbedingungen, ihr „Setting" gemeint sein können, dann wären wir fast wie von selbst näher dran, die Produktbeschreibung im Blick auf diejenigen Ziele der Beratung zu formulieren, die planbar sind, statt letztlich ziellos zu planen; eben weil die Ziele des Beratungsprozesses selbst nicht planbar sind, sondern defacto nur von den Klienten selbst bestimmt werden können und dürfen. Dies bedeutet, daß z. B. die von der KGSt-Produktbeschreibung formulierten Ziele eigentlich erst dann Sinn machen und nicht nur Leerformeln sind, wenn man sie nicht als Ziele der Beratung, sondern als Ziele der *Organisation* von Beratungssettings formuliert.

6. These: Die Zielkataloge von Produktbeschreibungen müssen fachlich sinnvolle Fragen der Qualitätsprüfung ermöglichen. Der Zielkatalog des KGSt-Beispiels[6] leistet dies nicht, weil er die Beratung und nicht das Beratungssetting als „Produkt" versteht.

---

[6] Referiert nach Eichmann 1995. Der im folgenden diskutierte Zielkatalog ist auch – in gekürzter Form – im KGSt-Bericht 11/1995 enthalten.

Ich gehe zum Beleg dieser These den genannten Zielkatalog durch und schlage Umformulierungen vor, die beispielhaft verständlich machen sollen, worum es mir geht.

Das erste Ziel dieses Katalogs lautet: „Beratung soll dazu beitragen, daß Mütter, Väter und andere Erziehungsberechtigte ihre Erziehungsverantwortung besser wahrnehmen können". Als Ziel einer Produktbeschreibung bleibt dies notwendig eine unverbindliche Leerformel, weil es keine Möglichkeit gibt, festzustellen, ob Erziehungsberatung diese Aufgabe erfüllt oder nicht, *außer im konkreten Ko-Produktionsprozeß der Beratung selbst.* Konkretisierbare Kritieren für das Beratungssetting können sich aber ergeben, wenn man umformuliert:

„Das Beratungsangebot soll so organisiert sein, daß es von Müttern, Vätern und anderen Erziehungsberechtigten als Unterstützung ihrer Erziehungsverantwortung *wahrgenommen werden kann.*"

Aus diesem Ziel lassen sich Prüffragen ableiten. Z.B.: Was macht wahrscheinlicher, daß Mütter und Väter, die Unterstützung bei ihrer Erziehungsverantwortung brauchen, das Beratungsangebot der Jugendhilfe als Unterstützung und nicht als Bevormundung wahrnehmen. Welche Hindernisse stehen dem entgegen? Welche Gelegenheiten für solche Inanspruchnahme gibt es? Welche müßten geschaffen werden?

Als zweites, schon oben zitiertes Ziel wird formuliert. „Beratung ist ein für die Klienten niedrigschwelliges Angebot, das die Klienten möglichst unmittelbar in Anspruch nehmen können und sie bei ihren Fragen und Problemen unterstützt". Formal betrachtet handelt es sich um eine Tatsachenbehauptung, die, wie gezeigt, den Tatsachen nur begrenzt entspricht. (Und wäre es eine Tatsache, so müßte sie nicht als Ziel formuliert werden). In Gestalt einer Soll-Bestimmung wäre dies freilich ein sinnvolles und wichtiges Kriterium: Nicht für Beratungen selbst, wohl aber für ihre Settings: Sie sollen so organisiert sein, daß sie als „niedrigschwelliges Leistungsangebot" von Klienten möglichst unmittelbar in Anspruch genommen werden können.

Auch daraus lassen sich Prüffragen ableiten, die Perspektiven für die Produktentwicklung anzeigen: Was sind „Schwellen" beim Zugang zu Beratung und welche organisierbaren Bedingungen können sie „niedrig" halten? Wie unterscheidet sich aus Klientensicht „unmittelbare" von „mittelbarer" Inanspruchnahme und wie kann das erste erleichtert werden? Gibt es strukturelle Gründe, die behindern, daß im Focus der Angebote die „Fragen und Probleme" der Klienten stehen[7]?

7. These: Die Produktbeschreibung der KGSt zu „Beratung" weist auf wichtige Normen wie „Erziehungsverantwortung" der Adressat-Innen und „Niedrigschwelligkeit" der Angebote hin, formuliert sie aber so, daß daraus eher unverbindliche Postulate als überprüfbare Qualitätsstandards werden.

Das dritte Ziel der KGSt Beschreibung lautet: „Beratung soll Krisen vorbeugen bzw die Krisenbewältigung unterstützen und insbesondere der Notwendigkeit familienersetzender Hilfe nach Möglichkeit vorbeugen". Zum einen gilt hier derselbe Einwand, wie zu Ziel Eins: Ob Beratung in Krisen tatsächlich hilft, kann durch Produktbeschreibung in keiner Weise sichergestellt werden, sondern nur, ob es wahrscheinlich ist, daß Beratung in Krisenfällen *in Anspruch genommen werden kann*. Zum andern meint der, wie schon gesagt, unglückliche Begriff der „familienersetzenden" Hilfen hier offenkundig die höhergradigen (und kostspieligeren) Formen der Intervention, denen durch Beratung vorgebeugt werden soll. Als Ziel ist das eigentlich trivial. Denn wenn man nicht von einer Beratung ausgeht, deren Ziel es ist, alles noch schlimmer zu machen, dann soll natürlich jede Beratung dagegen vorbeugen. Gemeint kann hier eigentlich nur sein, daß Beratung verhindern solle, etwa eskalierte Familienkrisen wie Dauerzustände zu behandeln und mit entsprechenden längerfristigen Mitteln (z. B. Fremdplazierungen der Kinder) zu lösen. Als Ziel für die Organisation von Beratungsangeboten könnte formuliert werden:
„Die Angebote sollen nicht nur allgemein unterstützend, niedrigschwellig etc., sondern so organisiert sein, daß sie für Menschen in akuten Krisensituationen erreichbar und zur Deeskalation bzw. Be-

---

[7] Eine Untersuchung des Deutschen Jugendinstituts zu den Katholischen Familienberatungsstellen (Kurz-Adam/Post 1995; Kurz-Adam, M. 1995) belegt z. B., daß die Vermittlungsbezüge der Beratungsstellen zu anderen Institutionen mit 70 % der Kontakte weit besser ausgebaut sind (und damit die „mittelbaren" Klientenzugänge verstärkt werden) als die informellen Kontakte zu „Laien" mit 32 %. Die Untersuchung belegt zugleich, daß gerade die verschärften „Darstellungs"- und Legitimationsprobleme der Beratungsstellen zu dieser Tendenz beitragen. (vgl. Kurz-Adam 1995, S. 411 f.)

wältigung solcher Krisen beitragen können, statt zu kostspieligen Dauerlösungen, die auch nach dem Ende der Krise fortbestehen".
Prüffragen, die sich daraus ableiten lassen, sind z. B.: Was bedeutet das für die zeitliche Organisation der Angebote, wenn man unterstellt, daß Lebenskrisen sich gewöhnlich nicht an übliche Bürozeiten halten? Welche Flexibilität hat das Beratungsangebot, um durch kurzfristig intensive Intervention konstenträchtige Langzeitinterventionen zu erübrigen? Welche Vernetzung von Beratungsdiensten mit anderen Angeboten der Krisenintervention besteht, muß entwickelt werden?

Das vierte und letzte Ziel der KGSt lautet: „Beratung hat die selbständige und frühest mögliche verantwortliche Lebensgestaltung der Klienten zu Ziel (Hilfe zur Selbsthilfe)". Abgesehen von den schon formulierten Einwänden gegen Beratung als „Produkt" ist das Problem dieser Formulierung, daß sie – auch hier in eher traditionellem Fürsorglichkeitsdenken befangen – die eigenverantwortliche Lebensgestaltung der Klienten als Ziel statt als *Voraussetzung* von Beratung thematisiert. Beratung hat eigenverantwortliche Lebensgestaltung ihren Klienten nicht zu vermitteln, sondern als gegeben zu respektieren!

Nun ist wahr: Das Problem dabei ist, daß dies Prinzip jeglicher „klientenorientierten" Beratung auch als Selektionsmechanismus funktionieren kann: Nämlich zur Ausgrenzung derer führen, die nicht so einfach eigenverantworlich Rat holen können und auch keine Eltern haben, die das für sie tun. Gerade aber auch dort, wo diese Eigenverantwortlichkeit nur mit Einschränkung unterstellt werden kann, z. B. bei der Beratung seelisch behinderter, suchtabhängiger oder einfach jugendlicher Menschen, kann Beratung nichts anderes tun, als an den gleichwohl vorhandenen Elementen eigenverantwortlicher Lebensführung anzusetzen, sie zu respektieren, auf sie zu bauen, sie zu stärken versuchen. Als Ziel für eine Produktbeschreibung könnte man demnach formulieren:

„Beratungsangebote sollen so organisiert werden, daß sie an den Fähigkeiten ihrer Klienten zu selbständiger und eigenverantwortlicher Lebensführung ansetzen und für deren Stärkung geeignet sein können".

Prüffragen, die sich daraus für die Beratungsorganisation ergeben, sind z. B.: Wie wird in der Beratungsorganisation gesichert, daß Klienten eine informierte Wahl über ihnen geeignete erscheinende Angebote treffen und Angebote auch ohne Furcht vor Nachteilen ablehnen können? Wie wird sichergestellt, daß auch solche Personen, denen aufgrund ihrer Lebensweise und ihren Lebensumständen gesellschaftlich nur eingeschränkte Eigenverantwortlichkeit zugebilligt wird, erwarten können, bei Beratungsangeboten in ihrer Eigenverantwortlichkeit respektiert und gestärkt zu werden?

8. These: Das Ziel jeder guten Beratung, den Interventionsbedarf einzuschränken und die eigenverantwortliche Lebensführung ihrer Adressaten zu stärken, wird in der KGSt Beschreibung verwässert, weil sie die Eigenverantwortung der Adressaten als eine von Beratung erzeugte, statt als eine von Beratung respektierte begreift.

Ich muß hier abbrechen, obwohl jetzt eigentlich erst die Probe auf's Exempel der Produktbeschreibung kommen müßte. Nämlich die Frage, wie quantifizierbare Daten bzw. Indikatoren ausgewählt werden können, mit deren Hilfe die praktische Organisation der Beratungsangebote so beschrieben werden kann, daß sie auf die genannten Ziele verweisen und deren Erreichungsgrad in irgend einer Weise abbilden, statt nur Datenfriedhöfe zu liefern. Hier könnten Daten, wie die KGSt-Beschreibung sie vorschlägt, grundsätzlich geeignet sein (z. B. Öffnungszeiten, Wartezeiten, Zugangsarten (z. B. Selbstmeldung/Empfehlung etc.), Klientenarten (Kinder und Jugendliche unterschiedlicher Altersgruppen, Eltern, Pflegeeltern, Kindergarteneltern etc.), Beratungsanlässe und schließlich auch Zeitmaße für unterschiedlich umfängliche Beratungskontingente. Nur darf man nicht erwarten, daß Daten, die ganz auf die Katalogisierung der einzelnen Beratungsfälle und insbesondere den Falltyp „Hilfe zur Erziehung" abgestellt sind, gleichzeitig Strukturinformationen zu den o. g. Zielen liefern[8]. Welche Arten von Daten dafür eher geeignet sind, habe ich mit den aufgezählten Prüffragen anzudeuten versucht und auch in anderen Kapiteln dieses Bandes (vgl. bes. Kap. 3, 4, 7 und 8) diskutiert.

---

[8] Joachim Merchel (a. a. O. S. 333) ist schwer zu widersprechen, wenn er urteilt: „Die von der KGSt favorisierten Kennziffern" mit deren Hilfe die Aktivitäten der Jugendhilfe-Institutionen gesteuert werden sollen, reduzieren das Qualitätsproblem auf quantifizierbare Meßbarkeit und fallen damit auf einen bereits überwunden geglaubten Diskussionsstand zurück."

Zu Frage 3: Welches Leistungsprofil ergibt sich für Erziehungsberatung als Teilorganisation der Jugendhilfe aus den vom KJHG abverlangten Beratungsleistungen?

Ich möchte zum Schluß nur kurz auf eine schon angeschnittene aber noch nicht beantwortete Frage eingehen, die zumindest für den Fortbestand der Erziehungsberatungsstellen von existentieller Bedeutung ist. Nämlich die Frage, in welchem Verhältnis der Beratungsauftrag der Jugendhilfe im Ganzen zum besonderen Auftrag spezialisierter Beratungsstellen steht. Ich habe dies Problem im vorhergehenden Kapitel (Kap. 5) ausführlich erörtert und beschränke mich auch hier auf einen kritischen Kommentar zur Beschreibung des „Produkts Beratung" durch die KGSt.

Wie oben ausgeführt verlangt das KJHG von der Jugendhilfe, Beratung auf drei Ebenen zu gewährleisten

– Beratung als verbindliches Verfahren zur Überprüfung und Gewährleistung der nach dem Gesetz vorgesehenen Leistungsansprüche und Klientenrechte

– Beratung als allgemeine Leistungsverpflichtung gegenüber spezifischen, in unterschiedlichen Paragraphen (s. o.) genannten Adressatengruppen

– Beratung als „Hilfe zur Erziehung" aufgrund eines Leistungsanspruches, der durch ein nach § 27 bzw. § 36 KJHG durchgeführtes Prüfverfahren festgestellt werden muß.

Die KGSt Systematik berücksichtigt die erste dieser Ebenen gar nicht[9], und verzichtet auf eine systematische Unterscheidung der zweiten und dritten. D. h. entweder werden (z. B. im „Produktplan Jugendhilfe" in KGSt 9/94, s. Anlage) unterschiedliche Beratungsarten als Produkte einer Gruppe geführt – z. B. Kinder-, Jugend- und Familienberatung, einschließlich Beratung Alleinerziehender" neben „Erziehungsberatung" und neben „Beratung bei speziellen Problem-

---

[9] Hier scheint mir Tegethoffs Hinweis interessant, daß die öffentliche Verwaltung eben nicht nur die Aufgabe der Produktion von Gütern bzw. Leistungen für die Bürger hat, sondern auch die der „Bereitstellung von gerechten Verfahren, in denen die Distribution von nichtprivaten Gütern abgewickelt wird" (Tegethoff 1995, S. 141.). Die Ausklammerung der verfahrensrechtlichen Seite des KJHG aus der Produkt-Diskussion bedeutet gleichzeitig Ausklammerung der zweiten von Tegethoff genannten Aufgabe und damit eines entscheidenden qualitativen Aspektes der Jugendhilfe.

lagen, ohne daß erkennbar wäre, worin sich diese „Produkte" unterscheiden. Oder aber, so in der oben referierten Produktbeschreibung, wird die zweite Ebene der „allgemeinen" Beratung als eine Art Restkategorie für schlecht systematisierbare Fälle behandelt und die Produktbeschreibung auf die dritte Ebene konzentriert. Der Grund für dies Vorgehen ist offenkundig. Es ermöglicht die Einordnung von Beratung an einem klaren Platz in einer geordneten Hierarchie von Produktbereichen, Produktgruppen und Produkten. Allerdings nur auf dem Papier, denn in der Praxis stellt diese Gliederung diejenigen, die Beratung als besondere Jugendhilfeaufgabe wahrnehmen sollen, vor ein unlösbares Dilemma.

9. These: Das Vorhaben der KGSt, für Beratung in einer hierarchisch (statt als Netzwerk) gegliederten Systematik der Jugendhilfeprodukte einen eindeutig festgelegten Platz auszuweisen, führt in ein unlösbares Dilemma und damit notwendig zu inadäquaten Lösungsmodellen.

Warum können die in der Jugendhilfe für Beratung Verantwortlichen bei der Produkthierarchie der KGSt nur die Wahl zwischen „Pest und Colera" haben? Sie können sich entweder auf die allgemeineren Beratungsaufgaben (Ebene 2) beziehen und werden dort schnell feststellen, daß sich die unterschiedlichen „Produkte" bzw. Teil-„Produkte" von Beratung und ihre Adressatengruppen untereinander, sowie mit anderen Jugendhilfeaufgaben, so sehr überschneiden und wechselseitig voneinander abhängen, daß man Beratung nur noch als „Querschnittaufgabe" fassen kann. Beratungsangebote müssen dementsprechend einerseits integriert (möglichst aus „einer Hand"), andererseits dezentralisiert erbracht werden. Spezialisierte Beratungsstellen könnte man demnach sinnvollerweise nur noch auflösen und ihre Aufgabe dezentral gegliederten „Allgemeinen Sozialen Diensten" zuordnen. Das Dilemma: Dann ist nicht vorstellbar, wie Beratung als spezifisches ausdifferenziertes Angebot einer besonderen Form von „Hilfe zur Erziehung", die nach § 27, 3 auch „therapeutische Leistungen" einschließen können muß, noch auf qualitativ vertretbarem Standard organisiert werden kann. Stellt man umgekehrt, wie im dargestellten Beispiel, die Leistungsart „Hilfe zur Erziehung" in den Mittelpunkt und denkt die Aufgaben ganz vom § 28 her, dann läßt sich zwar einigermaßen gut begründen, weshalb es spezialisierte Erziehungsberatungsstellen in der Jugendhilfe geben muß. Aber sie werden dann fast zwangsläufig die traditionelle Einzelfallorientierung und Isolierung der Beratungsarbeit gegenüber dem Kontext der Jugendhilfe verstärken und damit die allgemeineren und niedrigschwelligen Beratungsaufgaben zur beiläufigen Nebensache anderer Jugendhilfeprodukte degradieren.

Das Dilemma läßt sich im Rahmen der KGSt Systematik nicht auflösen, weil diese einlinig hierarchisch organisiert ist und deshalb die vom KJHG gestellte Aufgabe, Beratung einerseits als verpflichtende Infrastruktur der Jugendhilfe selbst und andererseits als spezielles Angebot an spezifische Leistungsberechtigte zu gewährleisten (vgl. Kap. 5), nicht zu lösen vermag. Sie versagt deshalb zugleich gegenüber der zentralen fachlichen Herausforderung der Jugendhilfe durch das KJHG – wie diese nämlich ihre Angebote *gleichzeitig*, ganzheitlich *und* fachlich differenziert, lebensweltorientiert *und* professionell, als Hilfe zur Selbsthilfe in je verschiedenen Lebenslagen *und* als übersichtlich gegliedertes Dienstleistungsangebot organisieren kann. Sie ist dafür nicht nur keine Hilfe, sondern sie stiftet entweder Verwirrung, oder fördert die Regression auf simplistische, unfachliche und letztlich gesetzwidrige Lösungen. Sie fördert Kästchendenken statt vernetztem Denken, sie fördert Maßnahmendenken statt Problemlösungsdenken, sie belohnt den Dienststellenegoismus aber nicht Flexibilität und Bürgernähe.

Das Dilemma läßt sich so nicht auflösen, weil diese Produkthierarchien einerseits für differenziertere Qualitätskriterien kaum Anschlußstellen zeigen; umsomehr aber Anschlußstellen für die Bedürfnisse des klassischen, ebenfalls hierarchisch organisierten Verwaltungsapparates, für den nicht der „Output", sondern die Kontrolle des „Inputs" das Maß aller Dinge ist; und für den „outputorientierte Steuerung" letztlich nicht mehr ist als ein Schlagwort, von dem man Durchschlagskraft in den Verteilungskämpfen um eben jenen knapper werdenden Input erhofft.

10. These: Die Hierarchie der Jugendhilfeprodukte, wie sie von der KGSt zum Standard erhoben wird, hat mit den Prinzipien einer „outputorientierten Steuerung" nicht viel mehr als den Namen gemein. Diese ist von der kommunalen Hierarchie weitestgehend zum Instrument ihrer Bestandssicherung umfunktioniert worden. Für die

Jugendhilfe ist davon kein Fortschritt mehr zu erwarten, sondern die Gefahr eines modernistisch legitimierten Rückfalls in vorprofessionelle Zeiten.

Diejenigen in der KGSt, die sich von den „Neuen Steuerungsmodellen" eine wirklich grundstürzende Verwaltungsreform erhofft haben, hin zu einer zugleich bürgerfreundlichen, kontrollierbaren und effizienten Verwaltung, scheinen mir von dieser Verwaltungslogik längst eingekesselt. Eigentlich schade. Gerade für die Beratungsaufgaben der Jugendhilfe wäre es äußerst wünschenswert, Modelle an die Hand zu bekommen, die zeigen, wie sie auch mit knapper werdenden Mitteln bewältigt werden können. Die Aufgabe, eine effektivere und den gesetzlichen Aufgaben der Jugendhilfe besser gerecht werdende Struktur der Beratungsangebote zu entwickeln, ist mit dieser Kritik nicht erledigt.

7 Jugendarbeit und „Neue Steuerungsmodelle": Über die begrenzten Chancen pädagogischer Qualität in kommunalen Verteilungskämpfen

7.1 JUGENDARBEIT IM VISIER DER SPARKOMMISSARE

Man kann aus Sicht der Jugendarbeit zwei strategische Optionen unterscheiden, wenn es darum geht, auf den wachsenden Druck zu reagieren, der von der Finanzkrise der öffentlichen Leistungsträger ausgeht:

– Traditionell gilt eine defensive Strategie als erfolgversprechend: Bestandsicherung soweit möglich; zäh um jede Stelle und jede Haushaltsmark kämpfen, aber sich dabei möglichst nicht in die Karten gucken lassen, weil man davon ausgeht: „Je mehr die da oben über uns wissen, desto mehr Handhaben gibt es, einzugreifen, zu schließen, zu kürzen." (Motto: Wenn man Dir was gibt, dann nimm, wenn man Dir was nimmt, dann schrei!)

– Demgegenüber werden die Stimmen lauter, die von der Jugendarbeit Offensivgeist verlangen. Sie soll „Marktkompetenz" (Wendt) beweisen, sich als Beispiel modernen Leistungsmanagements profilieren: „Statt eine nach innen gerichtete künstliche Debatte zu führen stünde es der Jugendarbeit gut an, ein modernes Dienstleistungsangebot zu entwickeln, das sich behaupten kann gegenüber den variablen, leistungsstarken und zielgruppennahen kommerziellen Freizeitanbietern (...) Es macht Sinn deren – in der Jugendarbeit verbreitet verpönte – wirtschaftliche Denkweise weiter zu entfalten; denn es kann fruchtbarer sein statt von Krise von fehlender Marktkompetenz der Jugendarbeit zu sprechen". (Wendt 1993, S. 404 f.)

Motto ist also: Qualität setzt sich durch, Überzeugungsarbeit lohnt sich, es lohnt sich auch, Schwachpunkte offenzulegen und sich der Diskussion über bessere Mittelverwendung nicht zu verschließen, weil das die Arbeit im Ganzen glaubwürdiger macht. ‚Denen da oben' und ‚denen da außen' Gründe zu geben, sich mit Jugendarbeit zu befassen, kann – so sagt die eine Position zurecht – schief gehen. Die Frage ist allerdings auch berechtigt, ob es dazu noch eine Alternative gibt.

1. These: Ob offensive Strategien Chancen haben ist ungewiß, aber gewiß ist, daß die Chancen defensiver Strategien immer schlechter werden.

7.2 Pädagogische Fachlichkeit der Jugendarbeit und kommunales Management-Denken

Es gibt eine Reihe von Gründen, weshalb pädagogische Qualität der Jugendarbeit in kommunalen Verteilungskämpfen einen schweren Stand hat:

– Jugendarbeit soll für *alle* Jugendlichen attraktiv sein – aber *die* Jugend gibt es gar nicht mehr;

– Jugendarbeit soll ein gutes Bild in der Öffentlichkeit abgeben – die Jugendlichen stören dies Bild (vor allem diejenigen, die Jugendarbeit am meisten brauchen und nutzen);

– Jugendarbeit soll Konflikte bewältigen, mit denen Familie, Schule, Polizei nicht mehr fertig werden – ohne dafür hinreichend ausgestattet zu sein;

– Jugendarbeit soll auf spontane Ideen und Aktivitäten von Jugendlichen eingehen können – aber die vorgegebenen Verwaltungswege einhalten;

– Jugendarbeit soll Erfolge und Leistungen mit Fakten und Zahlen belegen – aber ihre langfristige Aufbauarbeit ist kaum meßbar;

– Jugendarbeit soll realistische und überprüfbare Ziele benennen – aber die Erwartungen, die sich an sie richten (z. B. für alle Jugendlichen attraktiv zu sein oder die Raten jugendlicher Kriminalität zu senken) sind selbst unrealistisch;

– Jugendarbeit soll ihre Unentbehrlichkeit als sozialstaatliche Leistung beweisen – aber sie wird von Verwaltungen und Gemeinderäten wie eine freiwillige Leistung behandelt, die jederzeit zur Disposition gestellt werden kann.

Was passiert, wenn man andere Instanzen – z. B. Haushaltsausschüsse, die von Jugendarbeit normalerweise nichts verstehen – mit all diesen inhaltlichen Schwierigkeiten befaßt? Werden sie nicht sagen: Das ist alles zu kompliziert, zu ineffektiv? Heißt Marktkompetenz, oberflächliche Erfolgsstories zu verbraten? Und wo bleibt, wenn man all das auf dem Markt ausbreiten soll, um sich zu legitimieren, die fachliche Autonomie?

2. These: Jugendarbeit als notwendiges Produkt kommunaler Infrastruktur zu legitimieren, ist nicht leicht.

7.3 JUGENDARBEIT UND DIE RATIONALISIERUNG VON VERWALTUNG

Speziell stellt sich demnach die Frage, wie sich Jugendarbeit zu den durch Kostendruck ausgelösten Diskussionen verhalten soll, wie sie insbesondere die Kommunale Stelle für Verwaltungsvereinfachung (KGSt) des Städte- und Gemeindetages mit dem Argument vorantreibt: Eine rationale, „outputgesteuerte", marktorientierte Verwaltung sei in der Lage, viele Leistungen der öffentlichen Hand effektiver, kostengünstiger und gleichzeitig in besserer Qualität zu erbringen, als dies landläufig geschieht. Wie im folgenden Kapitel noch deutlicher wird, gehört auch Jugendarbeit zu den Feldern, in denen diese Rationalisierungsdiskussion vorangetrieben wird.

Rationalisierung kann bekanntlich eine doppelte Bedeutung haben:
– es kann „wegrationalisieren" bedeuten von allem, was unbequem, widersprüchlich ist, eine schlechte Lobby hat und nicht in gängige Denkschema einordenbar ist,
– es kann auch rationalere, vernünftigere, effektivere, unbürokratischere, sachorientiertere, bürgerfreundlichere Verwaltung bedeuten.
In der Praxis ist es wahrscheinlich, daß immer beide Tendenzen wirksam sind, auch wenn in bestimmten Konstellationen die eine oder die andere vorherrschen kann. D. h. immer ist damit zu rechnen, daß Rationalisierung gesagt wird und eigennützige Machtstrategien bzw. irrationale Verteilungskämpfe gemeint sind; und immer kann es Chancen geben, daß vernünftige Argumente faires Gehör finden.

Dennoch: „Wer legt schon sein Herz auf den Tisch so vieler hungriger Leut'?" fragte Wolf Biermann einst zurecht. Verteilungsfragen bei knappen Mitteln sind und bleiben Machtfragen. Wer da mitessen will, muß einen langen Löffel haben. Die Frage ist nur: Können die VertreterInnen der Jugendarbeit in den immer schärfer werdenden Verteilungskämpfen um öffentliche Mittel anders bestehen als dadurch, daß sie kommunale Repräsentanten und Öffentlichkeit von ihrer *Sache* überzeugen?

3. These: Jugendarbeit als abhängiger Teilbereich von Verwaltung übernimmt sich, wenn sie ohne Rückendeckung allzu offenherzige Rationalisierungsdiskussionen führt. Sie gerät ins Abseits, wenn sie in laufenden Rationalisierungsdiskussionen passiv und ohne eigene Position bleibt.

Im folgenden wird versucht, einige fachliche Kriterien zu diskutieren, die beachtet werden sollten, wenn die Diskussion über „Marktkompetenz" von Jugendarbeit nicht entweder dazu führen soll, daß nur die Verpackung, aber sonst nichts geändert wird; oder dazu, daß Jugendarbeit smart und erfolgreich wird, aber sich um ihre eigentlichen Aufgaben drückt.

7.4 Jugendarbeit als Produkt oder: welche Chancen bestehen, Jugendarbeit als Produkt (Output) kommunaler Leistungen zu legitimieren?

Entscheidendes Instrument, das o. g. Managementdenken in Verwaltung und Jugendarbeit umzusetzen, sind in der derzeitigen Praxis die Verfahren der Produktbeschreibung. Diese können, wie schon an den Beispielen von „Hilfen zur Erziehung" und „Beratung" gezeigt wurde, nur dann die Chancen von Jugendarbeit verbessern, wenn dabei zwei Probleme gelöst werden
– Jugendarbeit muß dafür in der Form *quantifizierbarer* Leistungen (Produkte) beschrieben werden können, und
– diese Produkte müssen auf *fachliche Kriterien* beziehbar sein, so daß nicht nur die Quantität sondern auch die Qualität von Jugendarbeit meßbar und legitimierbar wird.
Beides ist nicht leicht miteinander zu verbinden.
– Produktbeschreibungen von Jugendarbeit sind relativ einfach möglich, wenn man sich auf die Aufzählung von Einrichtungen und Angeboten beschränkt (Z. B.: Zahl und Größe der betriebenen Einrichtungen, Zahl und Dauer der offenen und/oder inhaltlich spezifischen Angebote etc. Vgl. dazu Kap. 8). Solche „hard facts" können dann noch durch „soft facts" ergänzt werden, d. h. subjektiven Indikatoren wie z. B. „Akzeptanz im Stadtteil" oder „Zufriedenheit der Jugendlichen"; aber auch Zufriedenheit der Nachbarn, der Polizei etc.

– Produktbeschreibungen sind dagegen schwieriger, wenn sie Maßstäbe liefern sollen für die Unterscheidung von guten, unentbehr-
lichen, ausbaubedürftigen Anteilen von Jugendarbeit einerseits und
weniger guten, ineffektiven, ohne Schaden reduzierbaren Anteilen
dieser Arbeit andererseits.
Nun ist klar, daß alle Produktbeschreibungen Wertungen enthalten.
Wenn dabei nur beschreibend alle Aktivitäten z. B. einer Abteilung Jugendpflege erfaßt werden, so steckt auch darin implizit eine Wertung,
nämlich, daß eben alles, was diese Abteilung tut, gleich wichtig sei. Es
soll ja aber nicht einfach neutral beschrieben werden, was geschieht,
sondern Indikatoren für die Qualität von Leistungen eines kommunalen Angebotes benannt werden. Dafür genügt es nicht, den Beschreibungen allgemeine Ziele voranzustellen wie z. B.: „Jugendarbeit soll
Jugendkriminalität verhindern" oder „Jugendarbeit soll offene Angebote für alle Jugendlichen machen". Vielmehr ist die Entscheidung,
solche – oder andere – Ziele zu formulieren und die Entscheidung, bestimmte Ebenen der Beschreibung (z. B. Besucherzahlen) zu wählen,
selbst schon werthaltig und bedarf der Kriterien. Das eine Problem ist
also, zu klären, was angemessene Ziele sind und wer ihre Auswahl
steuert. Das andere Problem ist, wie die Wahl der Beschreibungs-
ebenen selbst von Kriterien gesteuert sein kann, ohne dabei von willkürlich gesetzten und/oder realistischerweise gar nicht erreichbaren
Zielen auszugehen.

*4. These: Ohne inhaltliche Kriterien sind Produktbeschreibungen der
Jugendarbeit nutzlos und vermehren die Bürokratie statt sie zu ver-
ringern.*

7.5 KRITERIEN FÜR LEISTUNGEN VON JUGENDARBEIT I ODER: WER MISST?

Zunächst kann man drei Arten von Kriterien unterscheiden, anhand
derer die Leistungen von Jugendarbeit beschreibbar gemacht werden
können:
– Beschreibungen, die sich an öffentlichen bzw. politischen Erwartungen orientieren

– Beschreibungen, die sich an fachlichen Diskussionen und Standards orientieren.

– Beschreibungen, die sich an geäußerten Wünschen von Jugendlichen orientieren.

Diese Kriterien können sich gegenseitig ergänzen und bestätigen, müssen es aber nicht, sondern können sich auch gegenseitig verdrängen. Geht man davon bei den geforderten Beschreibungen des „Produktes Jugendarbeit" aus, so ergeben sich für jede Kriterienart andere Indikatoren:

– Elemente von Produktbeschreibungen, die sich an öffentlichen/politischen Erwartungen orientieren, können z. B. sein: Besucherzahlen, Anteil der erreichten Jugendlichen pro Einzugsgebiet einer Einrichtung, Zahl der thematischen Angebote, Zahl der öffentlich angekündigten Veranstaltungen, Zahl der Kooperationen mit anderen Trägern, Presse und Medienspiegel u. a. m.

– Elemente von Produktbeschreibungen, die sich an pädagogisch-fachlichen Maßstäben orientieren, können z. B. sein: Zahl der Aktivitäten, die von Jugendlichen „mitbestimmt und mitgestaltet werden" (§ 11 KJHG), Zahl der Stunden, in denen Jugendliche ehrenamtliche Arbeit leisten (z. B. Ausbau, Thekendienst, Öffnung einer Einrichtung ohne Hauptamtliche etc.); Zahl der unterstützten Initiativen Jugendlicher; Fallzahlen, in denen spezifische Leistungen für einzelne Adressaten erbracht werden (z. B. Beratung; „erzieherischer Jugendschutz" nach § 14 KJHG; Betreuung von jugendlichen Straftätern, die ihre „Stunden" ableisten), Angebote, die nach § 9, 3 KJHG „unterschiedliche Lebenslagen von Jungen und Mädchen berücksichtigen, Benachteiligungen abbauen", Aktivitäten, die einer kleinräumigen Planung und Vernetzung i. S. § 80 KJHG der Angebote dienen.

– Schließlich – und nicht als unwichtigstes – könnten Bewertungen durch die Nutzer und Nutzerinnen von Angeboten der Jugendarbeit selbst einbezogen werden, etwa im Rahmen von Umfragen der Jugendhilfeplanung nach § 80, 1, wo bekanntlich verlangt wird, daß „der Bedarf unter Berücksichtigung der Wünsche, Bedürfnisse und Interessen der jungen Menschen" ermittelt wird und zugleich dafür gesorgt ist, „daß auch ein unvorhergesehener Bedarf befriedigt werden kann." Als praktische Maßstäbe könnten sowohl spezifische Wünsche und Forderungen Jugendlicher dienen als auch ihre Bewertungen unterschiedlicher Angebote im Vergleich.

5. These: Produktbeschreibungen von Jugendarbeit enthalten zumindest implizit immer Wertungen. Genauer gesagt: Wertungen von Wertungen. Sie sollten explizit gemacht werden.

7.6 KRITERIEN FÜR LEISTUNGEN DER JUGENDARBEIT II ODER: WOMIT SOLL SICH JUGENDARBEIT VERGLEICHEN LASSEN?

Das, was Jugendarbeit leistet, ist vor allem Produkt der Arbeitsleistung ihrer Mitarbeiter und Mitarbeiterinnen. Die Qualität und insbesondere die Effektivität (vgl. Kap. 8.4) dieser Leistung ist sowohl von den kommunalen Rahmenbedingungen, als auch von der Akzeptanz der Jugendlichen abhängig und insofern schwer meßbar. Man kann aber zumindest Ebenen unterscheiden, auf denen diese Leistungen erbracht werden. Je nach Wahl der Ebene unterscheiden sich die Legitimationsmöglichkeiten, weil, je nachdem, die Vergleichsgrößen, an denen Jugendarbeit sich messen lassen muß, andere sind.

– Sie können als *kommunale Dienstleistungen* zur Verbesserung der Lebensqualität einer spezifischen Bevölkerungsgruppe (Jugendliche) beschrieben werden – vergleichbar mit *anderen* Dienstleistungen mit sozialer bzw. kultureller Zielsetzung (z. B. Hallenbäder, Altenclubs, Museen, Theater etc.). Die Ebene, auf der verglichen wird, ist die der kommunalpolitischen Priorität bzw. der gerechten Bedienung unterschiedlicher Interessengruppen im Rahmen der allgemeinen Ziele kommunaler Daseinsvorsorge. Zu legitimieren wären die berechtigten Ansprüche der eigenen Zielgruppe, im Vergleich zu anderen, und die Qualität der Dienstleistungen, die für diese Gruppe erbracht werden, im Verhältnis zu den Kosten, die dies verursacht.

– Sie können als *pädagogische* Arbeit mit spezifischen Bildungszielen beschrieben werden (z. B. als Beiträge zur Kompensation spezifischer Benachteiligungen – etwa von Mädchen, von ausländischen Jugendlichen – oder als Einübung demokratischer Willensbildung und Teilhabe). Die Ebene, auf der verglichen wird, ist die der Aufgaben (und Kosten) des öffentlichen Bildungssystems. Zu legitimieren wäre der spezifische Beitrag von Jugendarbeit.

– Sie können auch schlicht beschrieben werden als Ausführung *gesetzlicher Jugendhilfeleistungen* nach dem KJHG (§ 11–13, § 9, 3). Vergleichsgröße sind hier andere gesetzliche Leistungen hinsichtlich der Verbindlichkeit des gesetzlichen Anspruches und seiner Erfüllung. Zu legitimieren ist hier, daß die konkreten Einrichtungen und Aktivitäten der Jugendarbeit keine „freiwilligen" Leistungen sind, sondern fachgerechte Ausführung gesetzgeberischen Willens.

– Sie schließlich können als Arbeit der Absicherung jugendkultureller *Freiräume und Selbstbestimmung* beschrieben werden. Vergleichsgrößen sind dann andere, *nicht* „pädagogisch betreute" Formen jugendkulturellen Lebens und Formen der Teilhabe von Kindern und Jugendlichen am öffentlichen und politischen Geschehen.

Die Aufzählung zeigt: Eine Beschreibung von Jugendarbeit als „Produkt" kommunaler Dienstleistung ist inhaltlich keineswegs neutral, sondern greift bestimmte Dimensionen von Jugendarbeit heraus, stellt bestimmte Arten des Leistungsvergleichs ins Zentrum. Diese Auswahl muß, wenn sie sinnvoll sein soll, selbst als der Sache angemessen gerechtfertigt werden können. Als Faustregel kann man sicher davon ausgehen: Es kann bei den genannten Beschreibungsebenen nicht um ein „Entweder-Oder" gehen. Sie alle können je für sich sinnvoll sein, obwohl sie sich nicht alle in gleicher Weise als Ebenen für *Produkt*-beschreibungen eignen. Denn, wie im folgenden und im nächsten Kapitel noch klarer wird, ist Jugendarbeit nie *nur* als „Produkt" beschreibbar.

6. These: Jede Ebene der Beschreibung von Leistungen, die JugendarbeiterInnen erbringen, hat strategisch gesehen ihre Vor- und Nachteile. Es kommt darauf an, die richtige Mischung zu finden.

7.7 Kriterien für Leistungen der Jugendarbeit III oder: Jugendarbeit als Dienstleistung

Im folgenden ist zu diskutieren, welche implizite oder auch ausdrückliche Wahl getroffen wird, wenn man die erste der eben diskutierten Ebenen in den Mittelpunkt stellt, also die „Marktkompetenz" und „Dienstleistungsorientierung" der Jugendarbeit. Geht man bei den Beschreibungen von Arbeitsleistungen, die in der Jugendarbeit erbracht werden, vom Dienstleistungsmodell aus, so bietet die Managementliteratur eine hilfreiche Unterscheidung an, die auch in der sozialpädagogischen Fachdiskussion über Jugendarbeit eine Entsprechung hat:

Es wird bei der Erstellung von Dienstleistungen zwischen *primären*, *sekundären* und *tertiären* Prozessen unterschieden (vgl. Biehal 1993, S. 28 ff.).

– *Primärprozeß* wird alles genannt, was zur unmittelbaren Erbringung einer Dienstleistung im direkten Umgang mit Kunden gehört: Beratung, Bedienung, Nachfragen nach der Zufriedenheit des Kunden etc. In der Jugendarbeit also: der unmittelbare Umgang mit den Jugendlichen.

– *Sekundärprozeß* wird alles genannt, was zur Vor- und Nachbereitung des Dienstleistungsvorgangs gehört. Im Restaurant z. B. Einkauf, Speisekarte erstellen, Tischdecken, Reinigung etc. In der Jugendarbeit: Vor- und Nachbereitung aller Öffnungszeiten und Angebote, Einkauf, Verwaltungsarbeit etc.

– Zum *Tertiärprozeß* schließlich gehört alles, was die Rahmenbedingungen des Angebotes konkurrenzfähig hält und verbessert: Personalentwicklung, Neukonzeption von Angeboten, Fortbildung, Budgetentwicklung etc.

Für die Managementpraxis haben diese Unterscheidungen einen doppelten strategischen Zweck: Erstens: sie sollen ermöglichen, daß die primären Dienstleistungsprozesse die Vorhand bekommen, also die „sekundären" und „tertiären" Arbeitsvorgänge draufhin überprüft werden können, ob sie für jenen „Primärprozeß" der Dienstleistung notwendig sind und ihm dienen. Und eben diese konsequente Unterordnung wird „schlankes" Management genannt (vgl. ebd. S. 29 f.). Der zweite strategische Zweck ist die Verschlankung des Primärprozesses selbst, sofern bei getrennter Betrachtung der unmittelbaren Dienstleistungsvorgänge weiter unterschieden werden kann:

– Welche Tätigkeiten gehören beim Dienst am Kunden zu den unverzichtbaren „Kernleistungen" (vgl. ebd. S. 33 f.), die beibehalten und verbessert werden müssen?

– Welche Tätigkeiten stellen eine „Übererfüllung", eine unnötige oder gar lästige Betreuung des Kunden dar und können reduziert werden oder wegfallen? („Verzichtbare Leistungen sind tendenziell solche, bei denen die Nutzenstiftung für den Kunden geringer ist als der Aufwand zu ihrer Erbringung" (Biehal 1993, S. 33)).

– Welche Defizite in der Befriedigung erwünschter Dienstleistungen und „echter Bedürfnisse" (vgl. ebd. S. 34) lassen sich feststellen, die aufgebaut und ergänzt werden müssen?

Wie brauchbar ist dies Konzept, wenn man es probeweise auf die Verbesserung von Jugendarbeit anwendet?

– Zweifellos ist es auch in der Jugendarbeit nützlich, *alle* Tätigkeiten (z. B. auch Verwaltungsarbeit) zu beachten, die die faktische Arbeit ausmachen und nicht nur auf den unmittelbaren Umgang mit den Jugendlichen zu blicken.

– Zweifellos ist es auch hier sinnvoll, sich immer wieder an den Bedürfnissen der Nutzer und Nutzerinnen von Jugendeinrichtungen zu orientieren und nach dem Gebrauchswert zu fragen, den die Arbeit der Mitarbeiter für diese Nutzer hat. Ganz einfach: Fragen wie: „Wofür benutzen Jugendliche mich und meine Arbeit?" „Wofür lasse ich mich gern benutzen?" „Wofür weniger gern?" sind leichter zu beantworten als Fragen der Art: „Was erreiche ich bei den Jugendlichen?", „Was ändert sich in ihrem Leben durch meine Arbeit?" etc.

– Zweifellos ist jeder Versuch sinnvoll, die Arbeit zu „verschlanken", aufwendige Übererfüllung und Überbetreuung zu vermeiden, und dafür Kernleistungen (die von den Jugendlichen auch als solche empfunden werden) zu verbessern und Defizite auszugleichen.

Dennoch ist das Modell effizienter und schlanker Dienstleistung in der Jugendarbeit nur begrenzt anwendbar. Ebenso zweifellos sicher ist nämlich, daß Einrichtungen der Jugendarbeit nicht in jeder Hinsicht wie gutgeführte Restaurants oder ähnliche Dienstleistungsunternehmen betrieben werden sollten und sich nicht einfach an den Nutzungsvorstellungen ihrer Kundschaft orientieren können. Denn dies könnte zu einer gleichzeitig erfolgreichen und ihren eigentlichen Zweck verfehlenden Arbeit führen (vgl. Kap. 8.3).

7. These: Jugendarbeit als schlanke Dienstleistung zu konzipieren, kann ein hilfreiches Modell sein, das aber mit Vorsicht zu gebrauchen ist und seine Grenzen hat.

7.8 Kriterien für Leistungen der Jugendarbeit IV oder: Jugendarbeit als sozialpädagogisch qualifizierte Arbeit

Effektive Dienstleistung, orientiert an den Bedürfnissen der Jugendlichen, ersetzt nicht sozialpädagogische Kriterien, an denen Produkte von Jugendarbeit zu prüfen sind. Ich schlage dafür folgende Definition vor:

Sozialpädagogisch qualifiziert sind die Leistungen der Jugendarbeit dann, wenn sie direkt oder indirekt dazu beitragen, die Möglichkeiten Jugendlicher zu selbstbestimmter Lebensführung (vor allem im Freizeitbereich) zu erweitern und wenn sie gleichzeitig dazu beitragen, daß Jugendliche, bei ihren Versuchen erwachsen zu werden, sich selbst und andere nicht mehr als unvermeidbar gefährden oder in ihren Rechten und Lebenschancen beeinträchtigen.

Jugendarbeit, die in diesem Sinne sozialpädagogisch qualifiziert sein will, hat dafür im wesentlichen zwei Perspektiven: Sie kann es entweder dadurch tun, daß sie versucht, Jugendlichen hinreichende Räume und Hilfsmittel für eine solche Lebensführung zu verschaffen oder dadurch, daß sie auf Jugendliche einwirkt, ihre je eigenen Möglichkeiten besser zu nutzen. In der gängigen Fachdiskussion nennt man die erste dieser Perspektiven *sozialökologische* oder *raumorientierte* Konzepte von Jugendarbeit. Die zweite Möglichkeit steht im Mittelpunkt von *pädagogischen* Ansätzen i. e. S., in denen Erziehungs- oder auch Beziehungsarbeit zwischen PädagogInnen und Jugendlichen die Aufgabe ist, der alles andere zu dienen hat (vgl. Müller 1995 a). Beides ist nur theoretisch aber nicht praktisch voneinander zu trennen. Viele Ansätze, z. B. Mädchenarbeit, kulturpädagogische Jugendarbeit oder cliquenorientierte Jugendarbeit verbinden ausdrücklich beide Sichtweisen (vgl. Müller 1993 a). Die Unterscheidung ist für unseren Zusammenhang dennoch wichtig, weil der Bezug zum beschriebenen Dienstleistungsmodell ein jeweils anderer ist:

Raum- oder ressourcenorientierte Jugendarbeit fragt – wie das Dienstleistungsmodell – nach dem Gebrauchswert der Angebote von Jugendarbeit für die Jugendlichen. Aber eben nicht nach dem Gebrauchswert für die Befriedigung von Konsumbedürfnissen (auch wenn dies eingeschlossen sein kann), sondern nach dem Gebrauchswert für die Unterstützung selbstbestimmter Aktivitäten im o. g. Sinn. Anders als beim Dienstleistungsmodell ist hier der „Primärprozeß" der Herstellung von Jugendarbeitsleistungen auf das zur Verfügungstellen von Räumen und Gelegenheiten für eigene Aktivitäten, Selbsterprobung etc. gerichtet (also auf das, was im Dienstleistungsmodell (s. o.) „Sekundärprozeß" genannt wird). Das „eigentliche Produkt" der Jugendarbeit ist hier das Arrangieren, das Herstellen von Möglichkeiten der sozialen Teilhabe und der Selbsterprobung Jugendlicher, während die Frage, ob die Jugendlichen dabei mit den Jugendarbeitern direkt (oder nur indirekt) zu tun haben und ob sie mit ihrem „Service" zufrieden sind, zwar sehr wichtige aber doch nicht die entscheidenden Fragen sind.

Letzteres gilt auch für die „pädagogischen" Konzepte i. e. S., wenn auch aus einem anderen Grund. Denn hier ist – wie im Dienstleistungsmodell – als primäres Produkt von Jugendarbeit alles das anzusehen, was in der *unmittelbaren Beziehung* zwischen Pädagogen und Jugendlichen geschieht. Aber der entscheidende Qualitätsmaßstab, der Jugendarbeit ist hier nicht der Gebrauchswert für irgend jemand und irgend etwas, sondern die Frage, ob Jugendliche in dieser sehr persönlichen Beziehung zugleich Hilfen für ein besseres Verhältnis zu sich selbst und zu ihrer Umwelt finden können. Dies ist allerdings ein Qualitätsmaßstab, der Intimität benötigt und der vor öffentlichen Legitimationszwängen geschützt werden muß und allein schon deshalb aus „Produktbeschreibungen" ausgeklammert bleiben muß.

8. These: Jugendarbeit am Ideal schlanker Dienstleistungsproduktion zu orientieren ist nur legitim, wenn dabei gleichzeitig die Bedingungen gefördert werden, unter denen Jugendarbeit Ressourcen für eine selbstbestimmte Lebensführung zur Verfügung stellen kann und persönliche Beziehungen anbieten kann, an denen Jugendliche wachsen können.

7.9 Kriterien für Produkte der Jugendarbeit V oder: Öffentlich darstellbare und interne Kriterien für die Produkte von Jugendarbeit

Wie angedeutet – und wie in anderen Professionen (z. B. Mediziner und Juristen) selbstverständlich – kann und soll sich Jugendarbeit *nicht für alles,* was sie tut, vor der Öffentlichkeit rechtfertigen müssen. Das Ideal einer „gläsernen" Dienstleistungsorganisation kann nur in Grenzen gelten. Es darf die Intimität, Diskretion und soziale Unauffälligkeit, die Jugendarbeit braucht, nicht zerstören. Produktbeschreibungen der Jugendarbeit müssen deshalb so sein, daß sie den auch vom

Gesetz (§ 65 KJHG) geforderten besonderen Vertrauensschutz „persönlicher und erzieherischer Hilfe" nicht antasten.

Deshalb sind die Fähigkeiten der Jugendarbeit zu einer inhaltlich ausgewiesenen, kriteriengeleiteten Beschreibung, „Vermarktung" und Verbesserung ihrer Produkte – also zu all dem, was man unter dem Begriff der „Marktkompetenz" zusammenfassen kann –, *nicht* identisch mit kompetenter Jugendarbeit. Sie sind vielmehr nur ein Teil davon, allerdings derjenige Teil, der über die verfügbaren Mittel mitentscheidet.

Allein schon deshalb gilt: „Produkte" der Jugendarbeit sind niemals identisch mit dem, was Jugendarbeit *im Ganzen* macht. Sie sind vielmehr strategische Konstruktionen, professionelle Instrumente, die der Außendarstellung dienen (vgl. Kap. 2). Als solche müssen sie sachgerecht, glaubwürdig und griffig sein, überzeugend für Kommunalpolitiker und Öffentlichkeit, attraktiv für Jugendliche. Dazu gehört auch die Selbstdarstellung von Jugendarbeiterinnen und -arbeitern als Fachleute, die wissen, was sie tun und deren Handeln nicht jeder Laienpädagoge im Rathaus beurteilen kann.

Kommunales Managementdenken auf Jugendarbeit anzuwenden kann deshalb nicht heißen, die Diskussion über Ziele und Erfolgsmaßstäbe von Jugendarbeit fachunkundigen Entscheidungsträgern allein zu überlassen. Vielmehr müssen die Entscheidungsträger überzeugt werden, daß sie die Fachautorität der Pädagogen ernst nehmen müssen, wenn sie wollen, daß Jugendarbeit sich lohnt.

9. These: Wäre Jugendarbeit identisch mit dem, was sie als ihre „Produkte" verkauft, dann wäre sie vielleicht erfolgreich – aber hohl und letztlich überflüssig.

7.10 Über das Schlachten Heiliger Kühe

Wenn all diese Kriterien beachtet werden, dann ist auch in der Jugendarbeit ein Schlachten „heiliger Kühe" möglich, d. h. offensives Eintreten für ein schlankeres kommunales Dienstleistungsangebot, ohne daß dies notwendig zu Qualitätsabstrichen führen muß.

Ich möchte zum Schluß einige dieser heiligen Kühe der Jugendarbeit benennen, ohne allerdings schon angeben zu können, wie diese fachgerecht zu schlachten wären. Ich behaupte auch nicht, daß dies in jedem Fall nötig sei, sondern möchte nur zu einem gewissen selbstkritischen Mißtrauen ermutigen gegen

– die Vorstellung, daß einmal geschaffene Einrichtungen der Jugendarbeit immer verteidigt werden müssen, egal wie ungünstig die räumlichen und sonstigen Bedingungen darin sind;

– die Vorstellung, daß Verminderung des Personals von Einrichtungen in jedem Fall eine Verschlechterung des Angebotes bedeutet;

– die Vorstellung, daß offene Kritik unter Kollegen und Kolleginnen der Jugendarbeit im Ganzen schade;

– die Vorstellung, daß ordentliche Jugendarbeit in jedem Fall die Anwesenheit bezahlter Fachkräfte voraussetzt;

– die Vorstellung, daß privatwirtschaftlich geführte Freizeitangebote für Jugendliche und öffentlich geförderte Angebote nicht miteinander kombiniert werden können

– die Vorstellung, daß gezielte Förderung jugendlicher Initiativen keine präsente Betreuung durch Hauptamtliche ersetzen kann

– die Vorstellung, daß ehrenamtliche Betreuung in der Jugendarbeit zum Nulltarif zu haben sei.

All dies sind allerdings waghalsige Stichworte. Vielleicht grasen an vielen Orten die heiligen Kühe ganz woanders. Vielleicht gibt es sie mancherorts gar nicht mehr. Darüber muß diskutiert werden, ohne naive Illusionen, aber mit professionellem Selbstbewußtsein und Mut zur Offensive.

10. These: Jugendarbeit wird um das Schlachten heiliger Kühe nicht herumkommen. Aber Bescheidenheit zahlt sich nicht aus. Wer schwache Positionen räumt, ohne neue stärkere Positionen besetzen zu wollen, wird am Ende leer ausgehen.

8 Produktorientierung in der Jugendarbeit. Eine Falle und eine Chance

Vor kurzem war noch die Frage: Sollen wir uns in der Jugendarbeit auf die Diskussion über Produktorientierung, neues Management-Denken etc. einlassen, oder ist das eher gefährlich? Heute stellt sich die Frage nicht mehr. Die Jugendarbeit ist, ob sie will oder nicht, in diese Diskussion verstrickt, sie muß darauf reagieren, muß ihre „Produkte" ausweisen, egal ob JugendarbeiterInnen das sinnvoll finden. Die zu diskutierende Frage ist also: Wie muß auf die Herausforderung reagiert werden? Welche Folgen wird die Diskussion voraussichtlich haben, welche Gefahren drohen? Welche Chancen gibt es, Akzente in der Diskussion zu setzen, vielleicht sogar Verbesserungen zu erreichen?

Ich verzichte deshalb darauf, hier noch einmal die Diskussion über das Für und Wider einer „marktorientierten", „kundenorientierten", „produktorientierten" Jugendarbeit zu führen (vgl. Kap. 7). Statt dessen gehe ich davon aus, daß eine solche Orientierung zunächst einmal eine Vorgabe ist, die von außen kommt und zu der Jugendarbeit sich verhalten muß, ob sie das gut findet, oder nicht. Ich möchte diskutieren:

1. Welche konkreten Erwartungen an Jugendarbeit ergeben sich aus dieser Vorgabe? Was sollen JugendarbeiterInnen praktisch tun, um die Vorgabe zu erfüllen?

2. Welche Folgen wird die Erfülllung oder auch die Nicht-Erfüllung der Erwartungen, die hier auf JugendarbeiterInnen zukommen, voraussichtlich haben und welche Möglichkeiten gibt es, die Erwartungen zu erfüllen, aber trotzdem dafür zu sorgen, daß sich nichts wesentliches ändert?

3. Auf welchen Ebenen von Jugendarbeit sind Produktbeschreibungen eigenlich sinnvoll und auf welchen nicht?

4. Was ist unter Effektivität von Jugendarbeit zu verstehen?

5. Welche Möglichkeiten gibt es, Vorgaben der „Produktorientierung" so beim Wort zu nehmen, daß sich der Stellenwert von Jugendarbeit im kommunalpolitischen Gerangel nicht verkleinert, sondern vergrößert, daß Jugendarbeit nicht weniger, sondern mehr Spaß macht, mehr sinnvolle Arbeit zustande kommt, statt mehr an sinnloser Bürokratie?

8.1 Erwartungen an „Produktbeschreibung" und „Output-orientierte" Steuerung

Ich gehe von dem berühmtesten Beispiel der aktuellen Diskusssion aus, das derzeit überall in Deutschland die Runde macht, nämlich von der Produktdatei für das Kinder- und Jugendlichenzentrum „Wuddi" in Münster, Sozialdienstbezirk und Stadtteil Kinderhaus, das als „Praxisbeispiel" dem Bericht der Kommunalen Gemeinschaftsstelle für Verwaltungsvereinfachung über „Outputorientierte Steuerung der Jugendhilfe" (KGSt 9/94, Anlage 1, S. 93 ff.) angefügt ist. Es geht laut Produktdatei um den „Produktbereich" „Allgemeine Förderung von jungen Menschen und ihren Familien", darin um die „Produktgruppe"„Kinder und Jugendarbeit", speziell um das „Produkt" „Offene Kinder- und Jugendarbeit durch Einrichtungen in städtischer Trägerschaft", noch spezieller um das Teilprodukt „Wuddi" (ebd. S. 94).

Dies Produkt Wuddi wird in einer „Produktdatei" auf 4 Ebenen beschrieben: a) Durch die Festlegung einer ausdifferenzierten „Zielgruppe" (ebd. S. 94) und daraufhin ausgefächerter „Ziele" (ebd. S. 94 f.), b) durch eine für 1993–95 auszufüllende Liste über den „Leistungsumfang", aufgefächert nach Öffnungs- und Angebotstunden, Besucherzahlen und Raumangebot (ebd. S. 95 ff.); c) eine nach Ausgaben und Einnahmen (laufend und investiv) gegliederte Liste fürs Budget (ebd. S. 97 f.) und schließlich d) eine riesige Liste, „Fachliches Controlling" (ebd. S. 98 ff.) genannt, über die noch zu reden ist. Kurz ein paar Bemerkungen dazu:

Die Zielliste zeigt zunächst, daß hier nicht einfach blinde Bürokraten am Werk sind, sondern Fachleute mitgewirkt haben, die ein vielfältiges, nicht einfach nur auf Masse setzendes, sondern spezielle Zielgruppen wie Mädchen und junge Frauen, ausländische Kinder und Jugendliche, Jugendliche mit besonderem Betreuungsbedarf oder jugendrichterlichen Auflagen berücksichtigendes Konzept im Kopf haben; ein Konzept, das auch nicht nur auf Versorgung mit Freizeitangeboten setzt, sondern auf Förderung von Mitbestimmung, selbstorganisierten Aktivitäten von Jugendlichen, Streetworkkonzepte, Vernetzung mit anderen Angeboten im Stadtteil und Elternarbeit.

Nur ein wenig schwindlig wird einem, je länger man die Liste betrachtet, wenn man sich vorstellt, daß das alles und alles gleichzeitig von einem einzigen Jugendzentrum geleistet werden soll. Der Schwindel im Kopf kommt auch daher, daß in der Liste sehr unterschiedliche Ebenen angesprochen werden. Zum einen organisatorische Ziele (z. B. „Der Anteil der Mädchen an den Besuchern soll steigen" (ebd. S. 95)); zum andern Angebote, die spezifischen pädagogischen oder sozialarbeiterischen Zielen dienen sollen (z. B. „Angeboten von Formen der Mitbestimmung und Gestaltung" (ebd.), Angebote, in denen Mädchen und Jungen ihr „Zusammenspiel" (ebd.) ausprobieren und reflektieren können" oder „Angebote zur Entlastung und Ergänzung der Familien". Außerdem Veranstaltungen zur „Verbesserung des Stadtteilklimas" (ebd.)) und schließlich alle sonstigen Angebote, die in einer solchen Einrichtung denkbar sind, von Disko bis Elternarbeit (ebd. S. 94 f.).

Die Listen, die zum Leistungsumfang und Budget ausgefüllt werden sollen, abstrahieren demgegenüber völlig von diesem Aufgabenspektrum. Sie lassen auch keinen Ansatz zu einer „outputorientierten" d. h. von der Zielerreichung her denkenden Steuerung erkennen, sondern scheinen darauf zu zielen, die herkömmliche Art der Steuerung über den Haushaltsansatz (also den „Input") in drei Punkten zu verbessern: Einmal dadurch, daß die Personalkosten auf einheitliche Größen (Fachleistungsstunden) umrechenbar gemacht werden, zweitens dadurch, daß auch verdeckte Kosten wie z. B. Bauunterhaltung eingerechnet werden, drittens dadurch, daß Einnahmen gegengerechnet werden – jeweils nach „Ist" und „Soll" ausgewiesen (vgl. ebd. S. 96 ff.).

Der eigentliche Knaller der „Produktdatei" ist aber erst das, was unter „fachliches Controlling" (vgl. ebd. S. 98 ff.) auszufüllen ist, denn hier soll offenkundig die qualitative Ebene der pädagogischen Ziele und die quantitative Ebene des dafür nötigen Aufwandes ins Verhältnis gesetzt werden. Dafür werden verlangt

erstens: differenzierte TeilnehmerInnenzahlen, aufgegliedert in vier Altersgruppen und jeweils nach Ist- und Sollwert für sämtliche Angebotsarten, die in der langen Liste der „Ziele" standen,

zweitens dasselbe für die dabei eingesetzten Angebotsstunden,

drittens dasselbe, jetzt aber aufgegliedert nach den Zahlen der dabei eingesetzten Hauptamtlichen, Honorarkräften, Freiwilligen und Anderen (z. B. Vereine),

viertens dasselbe (also immer die ganze Angebotsarten-Latte) nach den von diesen unterschiedlichen Kräften benötigten Betreuungsstunden,

fünftens dasselbe aufgegliedert nach 8 verschiedenen „Zielgruppen"
z. B. „Mädchen", „ausländischen junge Menschen" „Kinder von
alleinerziehenden Eltern", „junge Menschen ,die gezielt Beratung und
Hilfe brauchen" oder „mit Arbeitsauflagen" (Preisfrage: Wie soll man
das ausfüllen bei einem Mädchen, das Ausländerin ist, eine
alleinerziehende Mutter hat, Beratung braucht und eine Arbeitsauf-
lage hat?),
sechstens soll schließlich je für die einzelnen Zielgruppen ausgefüllt
werden, wieviele die einzelnen Angebotsarten (z. B. offene Treff-
möglichkeiten, Kurse, Hausaufgabenhilfen, Vorträge, Freizeiten etc.)
danach einzuteilen sind, ob sie den Charakter allgemeiner Treff- und
Kontaktmöglichkeit oder spezielle Angebote, oder aufsuchender Jugendarbeit haben oder der Förderung von Eigeninitiative oder der Vernetzung oder der Stadtteilorientierung oder ergänzenden Zielen oder
sonstigen Zielen dienen, alles aufgegliedert nach „Ist" und „Soll".
Ich gestehe, mir ist schon wieder schwindlig.

8.2 Folgen der von oben verordneten Produktbeschreibung

Ich habe das ein bißchen ausführlich referiert, um vor Augen zu führen, was für eine Art von „Steuerung" auf Jugendarbeit zukäme, die
nach diesem Schema zu arbeiten versuchte: Werden dadurch die genannten Ziele besser erreichbar? Wird dadurch ein effektiverer Mitteleinsatz erreicht? Wird es möglich sein, zu prüfen, bei welchen Zielen
Fortschritte gemacht wurden und ob sie groß genug sind? Wird es dadurch möglich sein, gute Arbeit durch Mittelumsteuerung zu belohnen
und nicht so gute Arbeit durch Abzug von Mitteln zu bestrafen? Wird
dadurch die Bereitschaft gefördert und belohnt, Schwachstellen und
Leerlauf offenzulegen und zu ändern?
Ich glaube nicht, daß irgend etwas davon eintreten wird. Jugendarbeiter und Jugendarbeiterinnen, die ein solches Auswertungsschema aufgedrückt bekommen, werden erst mal vor allem viel Papier auszufüllen haben. Ob das viel Zeit und Kraft in Anspruch nimmt, hängt erstens davon ab, wie gewissenhaft oder „Pi mal Daumen" man solche
Fragebögen ausfüllt; und zweitens, wie geschickt man darin ist, das
ganze einem Computer so zu füttern, daß man es bei Bedarf mit kleinen Veränderungen einfach immer wieder ausdrucken kann. In jedem

Fall aber empfiehlt es sich, das Zeug auszufüllen. Denn erstens: wer es nicht tut, den bestraft der nächste Haushalt; zweitens ist es höchst unwahrscheinlich, daß aus diesen Informationen irgendjemand Spar- oder Effektivierungsmöglichkeiten ableiten kann. Mit einer solchen Datenfülle kann niemand mehr irgend etwas sinnvoll steuern (vgl. Kap. 2); drittens ist aber die Wahrscheinlichkeit groß, daß sich mit solchen Zahlen leicht belegen läßt, wie sehr die Jugendarbeit jetzt schon mit Aufgaben belastet sei, die weit über die Kräfte und Arbeitszeit der wenigen MitarbeiterInnen hinausgehe, so daß das ganze eigentlich nur mit sehr viel mehr Personal und Geld einigermaßen zu bewältigen sei – und zwar ziemlich unabhängig davon, wieviel die MitarbeiterInnen tatsächlich leisten.

Natürlich kriegt die Jugendarbeit dadurch nicht mehr Geld – wo soll's auch herkommen? Ich sage auch nicht, daß es, angesichts der allgemeinen Sparzwänge, keine Bestandsgefahren für Jugendarbeit gebe. Aber die drohen bestimmt nicht deshalb, weil gutgläubige Jugendarbeiter den Sparkommissaren durch Produktbeschreibung verraten haben, wo sie kürzen können. Denn ohne jede Information fällt denen das Streichen am leichtesten. Also: Wenn Produktbeschreibungen von oben aufgedrückt werden, rate ich: Immer mitmachen! Es schadet nicht, gibt der Verwaltung das Gefühl, wichtig zu sein, gibt der Jugendarbeit Gelegenheit, auf ihre Wichtigkeit hinzuweisen und vielleich springt sogar was dabei raus.

Ich will aufhören zu spotten. Denn ich glaube ja trotz alledem, daß sich aus der „Produktorientierung" für eine bessere, effektivere Jugendarbeit etwas machen läßt. Ein bißchen mehr ist schon dran an der Idee einer „dienstleistungs- und produktorientierten" Jugendarbeit. Ich möchte nur zunächst zwei Dinge festhalten: Wenn man unter „Produktbeschreibung", „Neuer Steuerung" etc. ein von oben nach unten durchgesetztes Verfahren versteht, dessen Ziel sein soll, daß besser, effektiver, mit weniger Leerlauf, mit mehr praktischem Nutzen für die Adressaten, und damit auch sparsamer gearbeitet wird, dann *kann* das nicht funktionieren, jedenfalls nicht in Feldern wie der Jugendarbeit. Vielmehr entsteht daraus Bürokratisierung wie gehabt. Es kann nur funktionieren, wenn diejenigen, die die Arbeit machen, dahinter stehen, wenn es ihre eigenen Ziele sind, die in die Produktbeschreibungen eingeflossen sind, wenn sie selbst die Prioritäten ihrer Arbeit in solchen Beschreibungen formuliert haben. Und – das ist entscheidend – wenn sie dann bereit sind, für die Umsetzung der Ziele und die dafür nötigen Mittel Verantwortung zu übernehmen, und bereit sind, die Ergebnisse an den vereinbarten Zielen messen zu lassen. Das zweite ist: Es kommt nichts, oder nur Bürokratisierung dabei heraus, wenn man „Produktorientierung" für ein Allheilmittel hält, das die bisherigen fachlichen Konzepte, so man sie hatte, ersetzt. Wer, wie man es jetzt zuweilen lesen kann, behauptet, „Marketing" sei ein neues und gar ein besonders professionelles „Konzept" von Jugendarbeit, das über ihre Ziele und Methoden Auskunft gibt, der weiß nicht, wovon er redet. Es handelt sich vielmehr bestenfalls um ein Instrumentarium, mit dem man ein Stück weit prüfen und auch nach außen hin vertreten kann, was Jugendarbeit, gemessen an ihren Zielen, leistet. Wenn sie aber selber nicht weiß, was sie will, entsteht daraus nur heiße Luft. Im folgenden möchte ich skizzieren, was rauskommen könnte, wenn Jugendarbeit sich in diesem Sinn auf „Produktbeschreibungen" einläßt und weshalb die Produktbeschreibungen „à la Wuddi" so konfus sind.

8.3 Was sind Ziele und was „Produkte" von Jugendarbeit?

Zunächst also geht es um das Einverständnis über Ziele. Es geht dabei nicht um die großen pädagogischen Ziele wie „Emanzipation", „Toleranz für Fremde", „Abbau des Machotums" (bei männlichen Jugendlichen) etc. Darüber ist man sich ja meist schnell einig – mit einem kleinen Nachteil: Solche Ziele sind nie einholbar, nie überprüfbar, weil sie immer von sehr vielen anderen Faktoren abhängen, als von Jugendarbeit. Die erste Frage also ist: Wie kommt man zu handhabbaren, kontrollierbaren Zielen, die durch benennbare Tätigkeiten der Jugendarbeit verwirklicht werden können? Gefragt sind Antworten auf: Was wollen wir machen? Was sind unsere Prioritäten? Was wollen wir nicht so weitermachen? Das ist der Anfang jeder sinnvollen „Produktbeschreibung".

Nehmen wir einmal an, ein Jugendarbeitsteam sei mit der Zielrichtung, wie sie im „Wuddi" in Münster angestrebt wurde, im Prinzip einverstanden. Das Team hätte seine Ziele abstrakt, ohne gleich nach Machbarkeit zu fragen, so ähnlich formuliert. Wie werden daraus konkrete, machbare Ziele? Dafür scheint es mir nützlich, zunächst drei in der Praxis immer miteinander vermengte Ebenen zu unterscheiden, auf denen Ziele der Jugendarbeit formulierbar sind. Es geht

erstens um die Zielebene, eine angemessene *Infrastruktur* für Jugendarbeit in einem gegebenen Gebiet (einem Stadtteil, einer Stadt, einer Gemeinde) zu entwickeln bzw. zu erhalten

zweitens um die Zielebene, auf der es um spezifische *Angebote* für spezifische Gruppen geht

drittens um die eigenen *Aktivitäten Jugendlicher*, die vermittels Jugendarbeit ermöglicht werden sollen.

Praktisch lassen sich diese Ebenen greifen, indem man unterschiedliche Fragen stellt

a) wie sind die *räumlichen und zeitlichen Strukturen von Jugendarbeit* beschaffen, die durch unsere Arbeit hergestellt bzw. aufrechterhalten werden? Was müssen wir tun, damit sie erhalten bleiben und was, damit sie besser werden? Hier geht es um Räume, Einrichtungen, Öffnungszeiten, Kontakte und Kontaktnetze im Umfeld der Einrichtung etc. Ich nenne dies das „Rahmenangebot" der Jugendarbeit (vgl. Müller 1993, S. 115 ff.), weil alle ihre konkreten einzelnen Angebote immer eine solche raum-zeitliche Infrastruktur als Rahmen brauchen, um stattfinden zu können.

b) Welche *einzelnen pädagogischen Angebote* machen wir welchen Gruppen oder Einzelnen? Was läuft gut, was schlecht oder gar nicht? Was würden wir gern machen? etc.

c) Welche *Aktivitäten Jugendlicher* werden durch unsere Arbeit ausgelöst? Welche sind ganz unabhängig von uns? Oder von unserer Anwesenheit? Wie erfreulich/weniger erfreulich finden wir diese Aktivitäten? Wie bremsen, wie fördern wir?

Wenn sich diese Ebenen praktisch nicht trennen lassen, so ist doch jeweils klar Unterschiedliches im Blick. Ich möchte zeigen, weshalb es unsinnig ist, das alles unterschiedslos als „Produkte" von Jugendarbeit zu beschreiben. Ein Beispiel: Angenommen ein Team setzt sich das o. g. Ziel: „Der Anteil der Mädchen an den Besuchern unserer Einrichtung soll größer werden". Dann geht es für die JugendarbeiterInnen auf den genannten 3 Ebenen um sehr unterschiedliche Tätigkeiten: Attraktive pädagogische Angebote für die Zielgruppe Mädchen zu entwickeln (Ebene b) ist eine andere Art von Arbeit als genau zu beobachten, welche Aktivitäten und Freiräume die Mädchen im Haus faktisch ausüben und nutzen – und welche nicht – und zu überlegen, wie diese Aktivitäten ausgeweitet werden können (Ebene c). Und noch eine andere Art Arbeit ist die Arbeit am Rahmenangebot, an der Infrastruktur (Ebene a); nämlich ein Haus so zu leiten, daß sein öffentliches Image für Mädchen attraktiver wird. Dies geschieht nicht nur durch Öffentlichkeitsarbeit, sondern z. B. dadurch, daß die Zugänge zum Haus von Belästigungen freibleiben, daß eigene Verfügungsräume und Zeiten für Mädchen angeboten werden können usw. An dem Beispiel läßt sich verdeutlichen, daß drei für die Produktbeschreibung von Jugendarbeit zentralen Begriffe auf diesen Ebenen ganz unterschiedliche Bedeutung bekommen und auch unterschiedlich gut passen. Nämlich der Begriff „Leistungen" von Jugendarbeit, „Effektivität" von Jugendarbeit und „Kunden" von Jugendarbeit.

Zunächst die Ebene a) die Herstellung eines Rahmenangebots/Infrastruktur für Jugendarbeit: Das ist die Ebene, die in den sogenannten „raumorientierten" Konzepten der Jugendarbeit, z. B. von Böhnisch/ Münchmeier (1987) oder auch Deinet (1987) herausgearbeitet wurden. Hier ist es sinnvoll, von „Leistungen" oder auch „Dienstleistungen" der Jugendarbeit zu sprechen und auch sinnvoll, zu versuchen, diese in „Produktbeschreibungen" zu quantifizieren, meßbar zu machen: z. B. Öffnungszeiten, Zahl und Nutzungsart der Räumlichkeiten, Zahl und Art der Ausstattung für Freizeitaktivitäten, Personalaufwand für ihre Erhaltung und Nutzbarmachung, Organisation von Ferienpassaktionen oder Serviceangeboten für Jugendliche, Zeiten der Ansprechbarkeit von Jugendarbeitern an Jugendtreffpunkten außerhalb ihrer Einrichtungen, Zeitaufwand für die kommunalpolitische Vertretung von Jugendinteressen – all das ist als Leistung quantifizierbar und insofern meßbar. Und steuerbar: D. h. ich kann auf dieser Ebene Ziele definieren und ihre Erreichbarkeit kontrollieren. Ein Team kann z. B. das Ziel formulieren: „Wir möchten erreichen, daß wir mehr Zeit für Kontakte mit Jugendlichen außerhalb unserer Einrichtung und mehr Zeit für die Einrichtung eines Servicebüros zu Verfügung stellen können, ohne unsere Öffnungszeiten zu reduzieren; und zwar dadurch, daß wir Zeit für Verwaltungaufgaben einsparen und Bedingungen schaffen, unter denen zeitweilige Öffnung durch ‚schlüsselberechtigte Jugendliche' ohne Präsenz hauptamtlicher Mitarbeiter möglich sind."

Wenn für solche Ziele noch Indikatoren bzw. „kritische Erfolgsfaktoren" (vgl. Kap. 3) benannt werden können, sind entsprechende Veränderungen grundsätzlich meßbar. Insofern können dadurch auch Steuerungseffekte entstehen, ander als beim bloßen Köpfe- und Stundenzählen.

Komplizierter ist, auf dieser Ebene zu bestimmen, wer eigentlich „Kunden" von Jugendarbeit sind (vgl. dazu Kap. 7). Natürlich sind die Jugendlichen als Adressaten von Angeboten diese Kunden, aber nicht nur sie. Auch die Eltern, auch die Nachbarschaft und die Öffentlichkeit, die z. B. erwarten, Jugendarbeit solle Jugendliche davon abhalten, auf dumme Gedanken zu kommen oder zuviel Lärm zu machen, auch die Kommunalpolitiker oder die Verwaltungsspitze, die Erfolge und Wählerstimmen wollen, gehören zur Kundschaft von Jugendarbeit. D. h. JugendarbeiterInnen müssen, ob ihnen das paßt oder nicht, alle diese Bezugsgruppen „bedienen". Ihre Leistungen bestehen eben darin, einen Interessenausgleich zwischen solchen „Kundschaften" zustande zu kriegen. Was natürlich nicht heißt, allen nach dem Mund zu reden. Der Vorteil, vom „Kundenmodell" her zu denken, besteht für die Jugendarbeit vielmehr darin, daß damit ein Vertragsmodell, also Geben und Nehmen, vorausgesetzt ist (vgl. Kap. 4). Anständige Dienstleistungen für Jugendliche geben ein gewisses Recht, auch akzeptables Benehmen von diesen zu verlangen; breitere Aktivitäten und vielfältige Angebote legitimieren breitere Budgets; eine gute Öffentlichkeitsarbeit kann das Anrecht geben, auch mal bei Trouble Rückendeckung zu kriegen, etc.

8.4 ÜBER EFFIZIENZ UND EFFEKTIVITÄT, MARKTORIENTIERUNG UND PROFESSIONALITÄT

Kann man aber auf dieser Ebene auch die *Effektivität* von Jugendarbeit messen? Das geht leider nicht. Produktorientierte Steuerung, die behauptet, sie könne das, lügt sich was in die Tasche. Man kann zwar *Effizienz* (die Art des Mittelaufwandes) auf dieser Ebene kontrollieren, z. B. prüfen, ob zu viele Räume zu oft leer stehen, oder ob zuviel Zeit für Verwaltung draufgeht. Aber Effektivität ist etwas anderes (vgl. Kap. 2 und 3). Ob Jugendarbeit effektiv ist, läßt sich nicht dadurch beantworten, daß man sagt: „Wir haben ein tolles Rahmenangebot, tolle Räume, optimale Öffnungszeiten, superattraktive Ausstattung, oft viele Leute da, stehen oft in der Zeitung, also sind wir effektiv". Effektivität von Jugendarbeit entsteht vielmehr einerseits durch die jeweiligen pädagogischen Aktivitäten (Ebene b), die vermittels eines guten Rahmenangebots ermöglicht werden sollen; und andererseits durch das Anstoßen von bzw. Raumgeben für jugendliche Eigenaktivitäten (Ebene c). Denn beides ist schließlich Zweck von Jugendarbeit (vgl. § 11, 1 KJHG), ohne den sie sinnlos wird: Pädagogische Impulse zu geben und Raum und Gelegenheit für selbstbestimmte jugendliche Aktivität und Aneignung zu schaffen (vgl. Kap. 7.8).

Nun sagen die Schlaumeier, wie eingangs beschrieben: „Dann laßt uns doch einfach die pädagogischen Angebote im einzelnen zusammenzählen, und laßt uns außerdem alles zusammenzählen, was Jugendliche in diesem Rahmen selbständig tun (z. B. Thekendienst oder Disko machen oder als Rockband üben oder ohne Betreuung im Jugendtreff Geburtstag feiern und hinterher sogar aufräumen) und laßt uns das als „Leistungen der Jugendarbeit" aufführen. Je mehr da zusammenkommt, desto effektiver sind wir". Der Selbstbetrug besteht darin, daß auf diesen Ebenen der Begriff der Leistung oder Dienstleistung (den Produktbeschreibung immer voraussetzt) ziemlich fragwürdig wird. Auch der Begriff des Kunden wird hier vollends absurd. Pädagogisch sinnvolle Aktivitäten können nämlich niemals durch einseitige Dienstleistungen entstehen (die sind allenfalls Vorbedingung), sondern nur durch einen Vorgang der *Ko-Produktion* von Pädagogen und Jugendlichen – genau wie im Prozeß von Beratung (vgl. Kap. 6). Wenn man schon ökonomische Sprache verwenden will, dann müßte man sagen: überall dort, wo Jugendarbeit effektiv wird, sind Jugendliche nicht Kunden, sondern Koproduzenten in einem „Joint Venture"; oder auch Alleinproduzenten, die die Jugendarbeit gewissermaßen als Servicestation, also als Infrastruktur für ihre eigenen Aktivitäten benutzen. Zu behaupten, das, was Jugendliche im Kontext von Jugendarbeit tun, sei „Produkt" von Jugendarbeit, ist ungefähr so überzeugend, wie wenn die Bundesbahn behaupten würde, ihre Leistungsbilanz werde dadurch aufgebessert, daß manche Bahnreisende dort, wo sie hinfahren, auch gute Geschäfte machen. Die Zwecke, zu denen Menschen die Dienstleistung der Bahn benutzen, haben mit Qualität und Erfolg dieser Leistung selbst nichts zu tun. Allerdings zeigt sich hier ein wichtiger Unterschied zur Jugendarbeit. Der Vergleich macht anschaulich, weshalb bei reinen Dienstleistungsaufgaben (wie Transportwesen oder Stadtbibliothek) das ökonomische Modell viel unbefangener benutzt werden kann: Die Zwecke, zu denen diese Leistungen benutzt werden gehen den Anbieter nichts an. Dies aber von der Jugendarbeit zu behaupten wäre absurd.

Das Paradox also ist: Man kann durch Produktbeschreibungen die *Infrastruktur von Jugendarbeit* erfassen, in gewissem Umfang auch messen und verbessern, aber man kann nicht messen, ob dann auch im pädagogischen Sinn effektive, gute Jugendarbeit geschieht. Umgekehrt kann man pädagogisch bewerten und praktisch beschreiben, was geschieht, *wenn* gute Jugendarbeit stattfindet, aber dann kann man das sinnvollerweise nicht als *Produkt von Leistungen* der Jugendarbeit beschreiben, ohne sich selbst etwas vorzumachen. Gute Jugendarbeit ist Leben, Action, Spaß, Auseinandersetzung, Bürgerrechte wahrnehmen können, Gemeinschaft finden und vieles mehr, aber kein „Produkt". Damit all jenes möglich ist, muß Jugendarbeit allerdings akzeptable Bedingungen haben *und selbst mit produzieren.* Die aber können auf meßbare Weise besser oder schlechter sein, und zwar gerade auch als Produkt der „Raumgestaltung" *von Jugendarbeitern:* Dies bedeutet:
– wenn der Jugendtreff jeden Tag voll ist, oder immer nur wenige kommen;
– wenn der Treff für viele Mädchen attraktiv ist, oder nur Jungen und kaum Mädchen auflaufen,
– wenn die schwierigste Jugendclique am Ort in den Jugendtreff kommt, oder wenn sie Hausverbot hat,
dann sind das alles weder Beweise für die Behauptung, hier finde erfolgreiche, gute Jugendarbeit statt, noch Beweise dagegen. Wohl aber können das Indikatoren sein, die Anlaß geben zu fragen, ob an der Infrastruktur, am Rahmenangebot, am „Setting" etwas geändert werden muß, damit pädagogische Ziele bessere Chancen haben.

Die Tatsache, daß man über dieses Paradox nicht hinwegkommt, also die Effektivität von Jugendarbeit eigentlich nicht messen kann, sollte uns nicht traurig stimmen. Es ist ja nur die Folge davon, daß Jugendarbeit eben kein rational kalkulierbares Business, sondern professionelle Tätigkeit ist, die nur funktionieren kann, wenn sie über einen von außen nicht kontrollierbaren Handlungsspielraum verfügt. Auch bei Ärzten z. B. können die Gesundheitsreformer zwar kontrollieren und auch ein bißchen steuern (durch die „Produktbeschreibung" der Gebührenordnung GOÄ), ob Ärzte teurere oder preiswertere Medikamente verschreiben, ob sie ganz auf Apparate setzen oder sich Zeit fürs Gespräch nehmen. Aber keine Gesundheitsreform der Welt kann aus schlechten Ärzten gute und aus guten schlechte machen, sie kann ihre Effizienz, aber nicht ihre Effektivität ändern. Diese Grenze für Produktbeschreibungen und Steuerung von außen bedeutet auch: Wer sie nicht beachtet, wer glaubt, dadurch besser steuern zu können, der wird beschissen und zwar zurecht. Wer beweisen und mit administrativen Mitteln erzwingen will, daß und wie Jugendarbeit *effektiver* wird, der muß sich nicht wundern, wenn ihm Fassaden präsentiert werden, wo nichts dahinter ist. Hinter die Fassaden können Administratoren letztlich nicht gucken.

8.5 Über die Nutzbarkeit von Produktbeschreibungen

Aus den bisherigen Überlegungen des Kapitels möchte ich zwei Punkte besonders markieren. Erstens: Produktbeschreibungen und das, was Administrationen daraus machen, können dazu beitragen, die Bedingungen, unter denen Jugendarbeit stattfindet, zu verbessern, zu stabilisieren, vielleicht auch zu verschlechtern, aber sie können Jugendarbeit nicht effektiv machen, weil sie weder das pädagogische Handeln, noch das Handeln der Jugendlichen selbst kontrollieren können. Zweitens: Die Verantwortung für akzeptable Rahmenbedingungen für gute Jugendarbeit liegt nie nur bei der Administration, bei „denen da oben", bei der Finanzlage der Kommune etc., sondern immer auch bei den JugendarbeiterInnen und den Rahmenbedingungen, die diese selbst durch ihre Arbeit schaffen.

Der zweite Punkt ist der Grund, der einzige, weshalb Produktbeschreibungen als fachgerechtes Arbeitsinstrument von Jugendarbeit nützlich sein können. Denn es genügt ja nicht, wenn Jugendarbeiter und Jugendarbeiterinnen gute Pädagogen sind. Sie müssen auch gute Manager sein, bloß eben nicht nur Manager.

Was aber heißt, Produktbeschreibungen als Instrument für akzeptable, stabilisierte, bessere Rahmenbedingungen von Jugendarbeit einzusetzen? Ich komme hier wieder auf die Frage nach den Zielen zurück. Es sollte inzwischen klar geworden sein: Bei Zielen geht es in diesem Zusammenhang nicht um pädagogische Ziele selbst (wie Emanzipation, Toleranz, jugendliche Eigenaktivität etc.), sondern um das mittelbare Ziel, bessere Bedingungen und Chancen *für* solche Ziele herzustellen. Brauchbare Produktbeschreibungen benennen deshalb immer, erstens, solche *mittelbaren* Ziele (z. B. „Anlaufstelle für junge Menschen in einem Stadtbezirk" oder „Mädchentreff"); und zwar, zweitens, möglichst zusammen mit den Ressoucen, die dafür eingesetzt werden können (z. B. Öffnungszeiten, Personalstunden, Raumausstattung etc.). Damit Produktbeschreibungen aber nicht nur beschreiben, was Jugendarbeit faktisch anbietet, sondern auch erkennen lassen, weshalb das notwendig ist, und welche Änderungen ggf. wünschbar sind, müssen Produktbeschreibungen, drittens, an Kriterien orientiert sein; und diese zur Geltung zu bringen ist die eigentliche professionelle Aufgabe dabei. Darüber will ich zum Schluß noch etwas sagen.

Kriterien für Produktbeschreibungen sind nicht dasselbe wie pädagogische Ziele. Es sind vielmehr diejenigen Ziele, die Jugendarbeit *nach außen* hin vertreten und mit denen sie ihre Arbeit auch in der Öffentlichkeit legitimieren kann. Ich denke, daß es dabei im wesentlichen um vier Kriterien geht, die ich im folgenden in Thesen formulieren und kurz erläutern will. Es handelt sich dabei um die Ebenen des gesetzlichen Auftrags, der fachlichen Standards, der Bedeutung für die kommunale Infrastruktur und der Interessenvertretung von Jugendlichen (vgl. auch Kap. 7).

8.6 Thesen

1. Produktbeschreibungen müssen zur Geltung bringen, daß Jugendarbeit eine gesetzliche Pflichtaufgabe ist und einen Auftrag zu erfüllen hat, der inhaltlich bestimmt und nicht beliebig interpretierbar ist.

Dazu gehört z. B., daß sie „an den Interessen junger Menschen anknüpfen und von ihnen mitbestimmt und mitgestaltet werden, sie zur Selbstbestimmung befähigen soll" (KJHG 11, 1) oder daß „die unterschiedlichen Lebenslagen von Mädchen und Jungen zu berücksichtigen, Benachteiligungen abzubauen und die Gleichberechtigung von Mädchen und Jungen zu fördern sei" (KJHG § 9, 3). Vielleicht kann auch an den generellen „Einmischungsauftrag" der Jugendhilfe gemäß KJHG § 1, 3. 4 erinnert werden: „dazu beizutragen, positive

Lebensbedingungen für junge Menschen und ihre Familien sowie eine kinder- und familienfreundliche Umwelt zu erhalten und zu schaffen". Das Qualitätskriterium des „Produkts" Jugendarbeit ist hier: Erfüllung eines gesetzlichen Auftrages.

2. Produktbeschreibungen müssen zur Geltung bringen, daß Jugendarbeit von fachlich anerkannten Erfahrungen und Standards ausgehen muß, die nicht beliebig veränderbar sind.

Dazu gehört z. B., daß nicht beliebig interpretierbar ist, welche räumlichen Bedingungen für Jugendliche zumutbar sind, daß Toleranzspielräume für Jugendkultur heute kein Gnadenakt mehr, sondern allgemeine Sozialisationsbedingung sind; daß der Auftrag, Jugendliche zur „Mitverantwortung" zu führen, nicht dann erfüllt wird, wenn man an Engagement und Ehrenamtlichkeit moralisch appelliert, sondern nur dann, wenn man in die Förderung von Engagement investiert; oder daß „Elternarbeit" und „Stadtteilarbeit" notwendig sind, aber nicht nebenher mit links gemacht werden können. Das Qualitätskriterium des „Produkts" Jugendarbeit ist hier: Erfüllung fachlicher Standards.

3. Produktbeschreibungen müssen zur Geltung bringen, daß Jugendarbeit nicht nur eine präventive oder kompensatorische Funktion für benachteiligte Jugendliche hat, sondern gesellschaftspolitische und kommunalpolitische Aufgaben erfüllt.

Jugendarbeit ist nicht nur Entsorgungpark für schwierige Jugendliche, sondern als Sozialisationsinstanz notwendig für die Einfädelung von Jugendlichen ins lokale Leben und damit notwendiges Element von Gemeindeentwicklung. Das Qualitätskriterium des „Produkts" Jugendarbeit ist hier: Beiträge zu einem lebendigen Gemeinwesen (vgl. Müller 1991).

4. Produktbeschreibungen müssen zur Geltung bringen, daß Jugendarbeit ein Mandat zur advokatorischen Interessenvertretung einer Gruppe von BürgerInnen hat, eben von Kindern und Jugendlichen.

Die Bedürfnisse von Kindern und Jugendlichen sind im Stadtteil oder in der Gemeinde ebenso zu berücksichtigen, wie die der erwachsenen

Bürgerinnen und Bürger – nicht mehr, aber auch nicht weniger. Dies rechtfertigt auch im Rahmen von Produktbeschreibungen ein Stück Parteilichkeit für Bedürfnisse und Wünsche, die nicht von allen andern als „pädagogisch wertvoll" erachtet werden (z. B. Angebote und Freiräume für jugendkulturelles Eigenleben): Qualitätskriterium für das „Produkt" Jugendarbeit ist hier: Interessenvertretung für die Belange der nachwachsenden Generation von Bürgerinnen und Bürgern (vgl. Land Schleswig-Holstein 1995).

Wenn ich sage, Produktbeschreibungen müssen das zur Geltung bringen, meine ich natürlich nicht, daß alle Tätigkeiten der Jugendarbeit ständig mit solchen Begründungen verziert werden sollen; wohl aber, daß die eigenen Prioritäten und Akzente der Arbeit mit solchen Argumenten nach außen hin vertreten werden können.

FAZIT

– Produktbeschreibungen sind ein brauchbares Mittel für JugendarbeiterInnen, die ihre Arbeitsbedingungen nicht bejammern, sondern mitgestalten wollen
– sie sind kein Wundermittel, sondern erfordern, wie Jugendarbeit überhaupt, Geschick, Fähigkeit mitzumischen und einen langen Atem
– sie ersetzen keine sozialpädagogische Fachkompetenz, sondern können nur auf deren Grundlage sinnvoll genutzt werden
– als Steuerungsinstrument der Sparkommissare aber braucht man Produktbeschreibungen nicht zu fürchten. Denn wenn die Sparkommissare streichen wollen, dann geht ihnen das ohne „Produktinformation" viel leichter von der Hand.

9 Öffentlichkeit und sozialpädagogische Fachlichkeit

Blickt man auf den weiteren Rahmen und politischen Kontext der Diskussion über „Neues Management" in der Jugendhilfe, so geht es um das Verhältnis von sozialpädagogischer Fachlichkeit und Öffentlichkeit. Sofern nämlich Jugendhilfe – und soziale Arbeit im Ganzen – die Mittel für ihre Arbeit nicht (mehr) von einer fürsorglichen Obrigkeit gewährt bekommt, sondern in Konkurrenz mit anderen Aufgaben immer neu legitimieren muß. Sie muß im weitesten Sinne des Wortes „Öffentlichkeitsarbeit" betreiben, um nicht nur die politischen Entscheidungsträger, sondern die Bürgerinnen und Bürger davon zu überzeugen, daß und weshalb ihre Aufgaben wichtig sind.

Es ist noch nicht lange her, daß solche Gedanken fast wie ein Verrat an der Sache betrachtet wurden. Gar Techniken des industriellen Managements von Beziehungen zur Öffentlichkeit – hierher gehörige Stichworte sind „Public Relations", „Image-Pflege", „Presse-Arbeit", „Schleichwerbung" etc. – auf soziale Arbeit zu übertragen, wäre schlicht ungeheuerlich gewesen. Es wäre als schlagender Beweis verstanden worden, daß die Unterordnung sozialer Arbeit unter ökonomische Verwertungszwänge ihr letztes Stadium erreicht hat.

Heute ist die Diskussion pragmatischer. Man gewöhnt sich allmählich an die Vorstellung, daß soziale Arbeit weder als Hilfsorgan staatlicher Steuerung, noch als Reparaturbetrieb des Marktes, noch als Form gesellschaftlicher Eigentätigkeit und/oder Gegenwehr angemessen beschreibbar ist. Sie hat ihren Ort *zwischen* Staat, Markt und gesellschaftlicher Selbstorganisation und muß sich als solche „intermediäre Instanz" zu jenen Bereichen als zu ihren „Öffentlichkeiten" in Beziehung setzen. Wie das Wort „Sozial-Management" allmählich zur normalen Vokabel unter SozialpädagogInnen wird, so auch die Worte „Öffentlichkeit" und „Öffentlichkeitsarbeit". Es ist nichts Schlimmes mehr dabei, sich auf solche Dinge einzulassen. Dieser Wandel ist nicht nur auf die seit damals geänderten gesellschaftlich-politischen Verhältnisse zurückzuführen, sondern auch auf zwei fachinterne Gründe.

Zum einen sind Führungspositionen in sozialpädagogisch tätigen Organisationen (Ämter, öffentliche Einrichtungen, freie Träger) heute

sehr viel häufiger als noch in den 70er Jahren von einschlägig aus-
gebildeten Fachkräften besetzt (und weniger von Verwaltungsfach-
leuten, Juristen, Medizinern, Theologen). Es ist selbstverständlicher
geworden, daß auch organisatorisches Handeln und Gestaltung orga-
nisatorischer Bezüge *zur* Öffentlichkeit eine sozialpädagogische Aufgabe ist und nicht nur ein Instrument der Steuerung „von oben".

Wohl noch wirksamer war die Tatsache, daß die fachliche Innovation
in den beiden letzten Jahrzehnten in starkem Maße von zahllosen kleinen Initiativen und Projekten getragen wurde, die im Kontext der sogenannten „Neuen Sozialen Bewegungen" entstanden sind: Selbst-
hilfegruppen aller Art, Frauenprojekte, Mütterzentren, Projekte des
„alternativen Arbeitsmarktes" und der Jugendberufshilfe, Projekte zur
Entkriminalisierung von Straftätern, Einrichtungen für „Stadtteilkul-
tur" oder andere Kulturinitiativen, Projekte für Ausländerintegration
und Flüchtlingshilfe, Dritte-Welt-Projekte etc. So unterschiedlich Ziele und Formen dieser „sich selbst organisierenden Einrichtungen"
(Bosse 1992) sein mögen, sie haben zwei Gemeinsamkeiten, die beide
mit der Notwendigkeit von Öffentlichkeitsarbeit unmittelbar verknüpft sind:

– Sie sind fast alle finanziell schlecht gesichert und müssen einen
ständigen Kampf um Stellen, AB-Maßnahmen, unkonventionelle Fi-
nanzierungswege, immer knapper werdende öffentliche Mittel führen;
sie sind deshalb auf alle erfolgversprechenden Strategien angewiesen,
die ihre Karten bei solchen Verteilungskämpfen verbessern. Konsequente „Vermarktung" der eigenen Anliegen ist unter solchen Bedingungen keine Streitfrage mehr, sondern schlichte Überlebensbedin-
gung. Kaum jemand hat noch Bedenken, dabei auch kommerzielle
Unterstützer (z. B. Sparkassen) in Anspruch zu nehmen. Aber wer sich
schon mal auf dem Feld des „Social-Sponsoring" versucht hat, weiß,
wie schwer es ist, auf diesem Boden zu ernten.

– Die zweite Gemeinsamkeit solcher Initiativen ist: Sie haben, über
ihre praktisch-organisatorischen Ziele (z. B. als Frauenhausinitiative
oder Flüchtlingshilfe-Projekt) hinaus, Lobbyfunktionen für ein im etablierten sozialen bzw. kulturellen System zu wenig beachtetes Anliegen bzw. eine unterprivilegierte soziale Gruppe. Sie verstehen sich als
Stimme einer sozialen Bewegung, die „noch viel lauter" sein müßte,
weil sie als kleine Initiativen stellvertretend für sehr große Anliegen
stehen: Z. B. für Frauenrechte, für menschenwürdige Lebensbedin-

gungen von Ausgegrenzten, für eine gerechtere Welthandelsordnung oder gar für die Lebensrechte künftiger Generationen. Sie können sich deshalb nicht auf soziale Hilfstätigkeiten beschränken, sondern müssen versuchen, eine öffentliche Resonanz zu erzeugen, die darüber hinausgeht – also „Öffentlichkeitsarbeit" machen, die mehr ist als Werbung für den eigenen Laden.

Programmatisch drückt sich das im Begriff der „Gegenöffentlichkeit" aus, der in den 70er Jahren im Kontext jener „Neuen Sozialen Bewegungen" geprägt wurde, um die Notwendigkeit offensiver und effektiver Gegenstrategien zur Meinungsmache herrschender Eliten und privater Interessen zu betonen. Beides, die Sicherung organisatorischen Überlebens in zunehmend unübersichtlichen Verteilungskämpfen und die Lobbyfunktion für verdrängte Themen, unterprivilegierte Anliegen und Gruppen sind objektive Gründe für meine erste These:

1. These: Gekonnte Öffentlichkeitsarbeit müßte zur fachlichen Grundausstattung kompetenter Jugendhilfe und Sozialarbeit gehören.

Von solchem Stellenwert einer Hinwendung zur Öffentlichkeit und einem Ernstnehmen der Legitimation vor der Öffentlichkeit ist im sozialpädagogischen Fachdiskurs wenig zu merken. In den sozialpädagogischen Ausbildungen spielt Öffentlichkeitsarbeit, von Zufallsangeboten bzw. einzelnen Lehraufträgen abgesehen, keine Rolle. Sie hat auch keinen Platz im gewöhnlichen sozialpädagogischen Berufsbild. Die systematische Wahrnehmung von Aufgaben, die sich ausdrücklich auf Öffentlichkeit beziehen, beschränkt sich in aller Regel auf die Führungsspitzen der etablierten Träger und auf einzelne Initiatoren der genannten Projekte. Und auch hier handelt es sich oft um nicht mehr als darum, die Lokalpresse mit Artikeln zu versorgen und Einzel-Kontakte zu pflegen. Professionell gemachte Öffentlichkeitsarbeit, wie sie in anderen Bereichen z. B Organisationen wie Greenpeace oder Robin Wood in Perfektion vorführen, oder entwickelte Informationssysteme der „Gegenöffentlichkeit", wie sie etwa die internationale Menschenrechts-Bewegung in einer global funktionierenden „Vernetzung von Computern und Buschtrommel" (taz vom 27. 2. 93) aufgebaut hat, gibt es im sozialpädagogischen Feld kaum. Gerade in der Jugendhilfe wird das „Einmischungsgebot" des KJHG gerne beschworen: „dazu beitragen, positive Lebensbedingungen für junge Menschen und ihre Familien sowie eine kinder und familienfreundliche Umwelt zu erhalten und zu schaffen" (§ 1. 3, 4). Aber wie man dabei vorgehen soll, ohne bloß über die Kinderfeindlichkeit der heutigen Gesellschaft zu jammern, ist kein Gegenstand von Fachdiskussionen. Dies steht in offenkundigem Widerspruch zu dem grundsätzlich immer reklamierten „politischen Mandat" der Sozialpädagogik. Ich folgere daraus meine zweite These:

2. These: Sozialpädagogik hat bisher kein fachliches Selbstverständnis entwickelt, das sie befähigte, ihr „politisches Mandat" in wirksame Strategien umzusetzen.

Dies liegt nicht in erster Linie daran, daß die Methoden und Arbeitsprinzipien professioneller „Public Relations" zu wenig bekannt wären. Denn was in Wirtschaft oder Politik an Instrumenten der Öffentlichkeitsarbeit entwickelt worden ist, läßt sich ohnehin nicht einfach auf soziale Dienste übertragen. Übertragen läßt sich allenfalls das Grundprinzip: daß Öffentlichkeit und öffentliche Wirksamkeit von der Sache und der Organisation selbst nicht ablösbar sind, die da „verkauft" werden sollen (vgl. Müller 1990). Eben deshalb predigen alle guten PR-Leute, Öffentlichkeitsarbeit sei eine zentrale Führungsaufgabe, integraler Teil von Organisationskultur und Unternehmensphilosophie und nicht mit Pressearbeit und Selbstdarstellungsbroschüren zu erledigen. Grundlage aller Öffentlichkeitsarbeit in sozialen Diensten müßte demnach die Klärung der Frage sein, in welchem Sinn ihre Sache selbst eine öffentliche Angelegenheit ist – oder sein sollte. Meine dritte These ist deshalb:

3. These: Die Öffentlichkeitsarbeit sozialer Dienste ist nicht deshalb unterentwickelt, weil das Handwerkszeug dafür fehlt, sondern weil über Öffentlichkeit als Kategorie sozialer Arbeit selbst zu wenig nachgedacht wird.

Man kann diese These mit Verweis auf die Berufsgeschichte sozialer Arbeit sowohl belegen, als auch für veraltet erklären. Zu belegen ist die These, sofern, wie Münchmeier (1981) oder Niemeyer (1992) gezeigt haben, der Preis für die berufliche und fachliche Etablierung sozialer Arbeit eine Individualisierung und Pädagogisierung – also Privatisierung- und Entpolitisierung – also Entöffentlichung – ihres Handlungsverständnisses war. Die Argumentation lautet: Weil im Entstehungskontext dieses Berufes nicht durchsetzbar schien, die „Soziale Frage" im ganzen – samt ihren politischen Dimensionen – als Zuständigkeit für die entstehende sozialpädagogische Profession zu reklamieren, beschränkte sich deren Ausbildung von Fachlichkeit auf Fähigkeiten zur Bearbeitung der individuellen *Folgen* des „Sozialen".

Statt die (Bildungs)-Bedingungen des sozialen Lebens zum Zentrum der Sozialpädagogik zu machen, wie es der Begründer ihres Begriffs, der Kathedersozialist Paul Natorp unter Berufung auf Pestalozzi, aber auch Gertrud Bäumer als Kommentatorin des RJWG (1929) gefordert hatten, trat in ihren Mittelpunkt die „Not" (gar die „innere Not") der einzelnen. Öffentlichkeit wurde damit zur Äußerlichkeit: Ein auf Hilfe, Helferrolle und Erziehung zentriertes Handlungsverständnis sozialer Arbeit betrifft Intimbereiche menschlichen Lebens und verträgt im Kern der Sache keine Öffentlichkeit.

Nun kann man argumentieren, das sei Schnee vom vergangenen Jahr, sofern die seit den 70er Jahren entstandene sozialwissenschaftliche und sozialpolitische Diskussion in der Sozialpädagogik jenes individualisierende Handlungsverständnis längst vernichtend kritisiert und damit den Anspruch einer politischen, öffentlich-kritischen Sozialpädagogik zurückgewonnen habe. Der Einwand stimmt nur zur Hälfte. Denn zweifellos hat sich die Sozialpädagogik Themen der politischen Öffentlichkeit angeeignet. Sie hat z. B. Diskursen über Kriminalitätsursachen, Armut, Arbeitslosigkeit, Lebenslagen von Jugend, Multikultur etc. einen hohen Stellenwert gegeben. Sie hat Programme für eine „offensive", „lebensweltorientierte" Jugendhilfe entworfen, die zum Teil sogar in die Gesetzgebung eingegangen ist. Heute lernen schon die StudienanfängerInnen, daß sich Sozialpädagogik nicht auf die individuellen Folgen belastender Lebenslagen beschränken dürfe, sondern gemeinsam mit den Betroffenen an diesen Lebenslagen und ihren Bedingungen selbst ansetzen müsse. Nur lernen sie leider fast ebenso selbstverständlich, daß eben dies nicht gehe, und die eigenen Handlungsmöglichkeiten prinzipiell überfordere. Wie man Strategien entwickelt, diese Möglichkeiten zu sichern und auszubauen, lernen sie nicht. Dies erklärt ein wenig das Paradox, daß je „politischer" das Selbstverständnis der Sozialpädagogik wurde, desto weniger die

Öffentlichkeit sich für ihre Diskurse interessierte. Auch wenn dies nicht nur Schuld der Sozialpädagogik ist, so hat sie doch Anteil daran, weshalb meine vierte These lautet:

4. These: Das gängige Verständnis des politischen Mandats der Sozialpädagogik hat nur die Themen der Sozialpädagogik politisiert, aber nicht ihr Handlungsverständnis.

Ich meine das folgendermaßen: Als explizit – oder meist nur implizit – gedachte Akteure sozialpädagogischer „Politik" werden nach wie vor einzelne unterstellt. Diese einzelnen Sozialpädagogen und Sozialpädagoginnen verstehen sich nun eben nicht mehr als Helfer gegen die (innere) Not, sondern als Helfer und Helferinnen gegen Armut und Ausgrenzung, gegen Arbeitslosigkeit und Kriminalisierung, gegen Selbstunterdrückung und politische Blindheit – aber immer noch als Helfer. Die Öffentlichkeit blieb immer Gegenüber, Gegenseite. Es entwickelte sich kein Handlungsverständnis, selbst *als* Öffentlichkeit zu handeln, genauer als Teilöffentlichkeit, die sich auf andere Teilöffentlichkeiten bezieht. D. h. nach vorherrschendem sozialarbeiterisch/ sozialpädagogischem Selbstverständnis sind mit Begriffen politischer Öffentlichkeit wie Bürokratie, politische Struktur, Verwaltung und „Neue Steuerung" der Verwaltung, Infrastruktur, Meinungsmacher, öffentliche Meinung, die Medien, Lobbyisten etc. immer nur „die andern" gemeint. Sich selbst als mitmischende, aber eben auch kritisch beäugte Elemente eines Gemeinwesens bzw. eines öffentlich wirksamen sozialstaatlichen Leistungsgefüges zu verstehen, kommt sozialpädagogischen Fachleuten selten in den Sinn. Eher mißverstehen sie die eigenen Interessen als identisch mit denen ihrer von der Öffentlichkeit benachteiligten Klienten, was nur selten der Wirklichkeit entspricht. Ich formuliere als fünfte These:

5. These: Es gehört nicht zum gängigen Handlungsverständnis sozialer Arbeit, daß sie selbst immer auch Handeln der Öffentlichkeit gegenüber den Bürgern ist.

Man kann diese These dadurch plausibilisieren, daß man Assoziationen zur Frage sammelt, was soziale Arbeit und „öffentlicher Dienst" miteinander zu tun haben. Na klar, werden die meisten sagen: Viele

Sozialpädagogen und Sozialpädagoginnen sind im öffentlichen Dienst beschäftigt. Und die, die es nicht sind, wären's gern, außer wenn ihr „freier Träger" sie auch ohne dies dem öffentlichen Dienst „gleichstellen" kann. „Öffentlicher Dienst" heißt hier: Der Staat und zwar als Arbeitgeber. Es werden aber kaum Assoziationen kommen, die sagen: Soziale Arbeit *ist* öffentlicher Dienst, Dienst der „öffentlichen Hand" an Bürgern, Dienst in der Öffentlichkeit, Dienst der *als solcher* rechenschaftspflichtig ist gegenüber seinen Nutzern wie gegenüber den Interessen der Allgemeinheit. Daß soziale Arbeit dies ist, oder vielmehr sein sollte, ist eben nicht nur Arbeitgeberrede, sondern auch der Maßstab, an der soziale Arbeit von ihren Adressatinnen und Adressaten gemessen wird.

Würde der Begriff „öffentlicher Dienst" als sozialpädagogische Selbstdefinition in diesem Sinne „wörtlich" genommen und als fachlich-normative Kategorie entfaltet, so könnte darin ein beträchtliches kritisches Potential stecken: Sowohl gegenüber einem obrigkeitsstaatlichen Denken, als auch gegenüber einem privatistisch-caritativen Handlungsverständnis; aber auch gegenüber einem bloßen „Dienstleistungsmodell", das eine spezifische Klientel bedient, oder eben den Mangel verteilt, aber die Orientierung an einem öffentlich auszuhandelnden Gemeinwohl vergißt. Ein solcher Begriff wäre andererseits, z. B. in der Jugendhilfe, kritisch zu wenden gegen ein illusionäres Konzept fachlicher Autonomie, das soziale Arbeit aktionistisch und nicht als gesellschaftliche Struktur begreift, als selbsternannte Avantgarde des Sozialen, statt als dienliches Element.

Gerade so aber müßte sich soziale Arbeit als „öffentliche" Struktur begreifen, die sich vor Legitimationspflichten nicht scheut, sondern diese als Gelegenheiten sieht und sucht, um ihre Sache in der Öffentlichkeit zu vertreten und voranzubringen. So betrachtet wären, etwa in der Jugendhilfe, ein „Neues Managementdenken" und eine gute Öffentlichkeitsarbeit nur zwei Seiten der einen Aufgabe, Jugendhilfe als Struktur eines bürgerfreundlichen öffentlichen Lebens zu handhaben. Wobei sich von selbst verstehen sollte, daß damit nicht gemeint sein kann, „alles" öffentlich zu machen oder „alles" zum „Produkt" zu machen, statt gerade auch die Schutzrechte Benachteiligter gegenüber öffentlichem Zugriff *öffentlich* zu vertreten.

Öffentlichkeitsarbeit, Produktbeschreibungen und Neue Steuerungsmodelle werden jedenfalls wenig bewirken, wenn sie nur als Kosmetik oder taktischem Kalkül betrieben und nicht von einer fachlichen Überzeugung getragen werden. So wäre Öffentlichkeitsarbeit in der sozialen Arbeit als Ausdruck und professionell gekonnte Umsetzung einer solchen Haltung des „öffentlichen Dienstes" zu verstehen. Ich mache daraus meine letzte These:

6. These: Den Öffentlichkeitscharakter sozialer Arbeit ernstnehmen heißt, diese als legitimationspflichtigen öffentlichen Dienst zu verstehen.

Ich nehme an, daß diese These am wenigsten Zustimmung finden wird. Ich werde erstens daran erinnert werden, daß „öffentlicher Dienst" eine ideologische Formulierung sei, erfunden zum Schönreden von Interessengegensätzen, zum Verbrämen bürokratischer Maßnahmen, zur Diskreditierung notwendiger Parteilichkeit. Man wird mir zweitens sagen, daß sich soziale Arbeit wohl vor den Bedürfnissen und Interessen ihrer Klienten zu legitimieren habe, nicht aber vor der Öffentlichkeit, nicht vor dem Anspruch, einem „Gemeinwohl" zu dienen, weil es eher darum gehe, Klienten vor Ansprüchen und vor dem Auffallen in einer Öffentlichkeit zu schützen, die Gemeinwohl sagt und reibungsloses Funktionieren der herrschenden Verhältnisse meint.

Der erste Einwand ist berechtigt. Aber eben deshalb kann soziale Arbeit, wenn sie die Interessen ihrer Klienten ernst nimmt, nicht darauf verzichten, sich einzumischen, wenn in der öffentlichen Debatte über das gemeine Wohl und in den entsprechenden Verteilungskämpfen jene Interessen als vernachlässigbar behandelt werden. Sie kann auch nicht, wenn sie professionell bleiben will, darauf verzichten, dies wirkungsvoll und mit strategischem Geschick zu tun. Sie kann schließlich, wenn sie glaubwürdig bleiben will, nicht umhin, dabei einer kritischen Öffentlichkeit zu präsentieren, was sie selbst für diese Klienten leistet und warum sie das für notwendig hält. Denn bekanntlich muß, wer etwas fordert, auch zeigen, was er selbst tut, und wer im Glashaus sitzt, soll nicht mit Steinen werfen.

Der zweite Einwand ist auch berechtigt, sofern zweifellos nicht alles, was SozialarbeiterInnen für und mit Klienten tun und von diesen erfahren, an die große Glocke gehört. Soziale Arbeit zu leisten heißt immer auch, soziale Unsichtbarkeit herzustellen, d. h. sowohl im Einzelfall Diskretion und Vertrauensschutz zu gewährleisten, als auch für ganze Gruppen von „Auffälligen" soziale Immunität, d. h. Nicht-Befassung der Öffentlichkeit zurückzuerobern. Aber gerade diese Ziele sind weder zur erreichen, wenn sich SozialarbeiterInnen mit ihren Klienten in stille Winkel zurückzuziehen suchen, noch wenn sie sich in bedingungsloser Parteilichkeit vor diese Klienten stellen und ihr Sprachrohr sein wollen. Diese Ziele sind nur zu erreichen, wenn soziale Arbeit jene Schutzrechte mit Augenmaß und Sinn für Fairneß einfordert, also die Rechte ihrer Klienten auf ein „normales" Leben als öffentliches Anliegen vertritt.

Wäre ein solches Verständnis sozialer Arbeit konsensfähig, hätte sie schon längst eine bessere Öffentlichkeitsarbeit.

Literatur

Arbeitsgruppe „Präventive Jugendhilfe": Zwischen Kundenorientierung und Fürsorge: Die Notwendigkeit einer stärkeren Adressatenorientierung in der Jugendhilfe. In: Neue Praxis 1995, H. 2, S. 118–131

Bäumer, G.: Die historischen und sozialen Voraussetzungen der Sozialpädagogik und die Entwicklung ihrer Theorie. In: Nohl, H., Pallat, L., (Hrsg.): Handbuch der Pädagogik, Bd. 5 Sozialpädagogik. Langensalza 1929, S. 3–17

Biehal, F.: Dienstleistungsmanagement und die schlanke Organisation. In: Biehal, F. (Hrsg.): Lean Service. Dienstleistungsmanagement der Zukunft für Unternehmen und Non-Profit-Organisationen. Bern, Stuttgart, Wien 1993, S. 9–67

Bittner, U.: Ein Klient wird „gemacht". In: Kardorff, E. v., Koenen, E. (Hrsg.): Psyche in schlechter Gesellschaft, München 1981, S. 103–137

Blinkert, B. u. a.: Berufskrisen in der Sozialarbeit, Weinheim 1976

Blume, M.: Zur Diskussion um ein neues Steuerungsmodell für Kommunalverwaltungen – Argumente und Einwände. In: Der Gemeindehaushalt 1 1993, S. 1–8

Böhnisch, L., Münchmeier, R.: Wozu Jugendarbeit. Weinheim und München 1987

Bosse, U.: Sich selbst organisierende Einrichtungen. Diss. Hildesheim 1992. Auch in: Schriften des Deutschen Vereins, Frankfurt 1992

Bürger, U.: Jugendhilfeplanung: Planung der Hilfen zur Erziehung, in: Zentralblatt für Jugendrecht (ZfJ) 3/1995, S. 95 ff.

Bundeskonferenz für Erziehungsberatung: Hinweise zur Mitwirkung im familiengerichtlichen Verfahren. In: Zentralblatt für Jugendrecht, 81. Jg. 1994, S. 499–502

Bundeskonferenz für Erziehungsberatung (Hrsg.): Produkt Beratung. Materialien zur outputorientierten Steuerung in der Jugendhilfe, Fürth 1996

Bundesregierung (Bundesministerium für Jugend, Frauen, Familie und Gesundheit, Hrsg.): Achter Jugendbericht (Bundestagsdrucksache) 1990

Cremer, H.: Zur Situation der Erziehungsberatung in der BRD. In: Zentralblatt für Jugendrecht, 82. Jg. 1995, S. 170–177

Cremer, H.; Hundsalz, A., Menne,K.: Jahrbuch für Erziehungsberatung I, Weinheim u. München 1994

Damaschke, G.: Unternehmensberatung und Organisationsentwicklung. Ein Weg zu effizienten Einrichtungen und Diensten im Bereich der Hilfen zur Erziehung. In: Unsere Jugend, 1995, H. 3, S. 98 ff.

Deinet, U.: Im Schatten der Älteren. Weinheim u. München 1987

Deutscher Verein für öffentliche und private Fürsorge: Empfehlungen zur Hilfeplanung nach § 36 KJHG. In: Nachrichtendienst des Deutschen Vereins, Nr. 9, 1994, S. 317–326

Drude, H.: Hilfe als Vertrag. In: Blätter der Wohlfahrtspflege 7/8, 1994, S. 144–147

Eichmann, R.: Definition und Beschreibung von Produkten. Vortrag auf einer Tagung der Bundeskonferenz Erziehungsberatung am 14. 10. 1995 in Münster

Eichmann, R.: Offensives Jugendamt. In: Sozialmanagement, 5. Jg. 1995 a, H. 5, S. 16–18

Faltermeier, J. (Hrsg.): „... und sie bewegt sich doch". Die Jugendhilfe auf dem Weg zur Modernisierung: Selbstverständnis, Konzept, Organisationsformen. Eigenverlag des Deutschen Vereins, Frankfurt 1995. Darin: Faltermeier, J.: Modernisierung der Jugendhilfe durch neue Steuerungsinstrumente. S. 42–63

Flösser, G.: Soziale Arbeit jenseits der Bürokratie. Über das Management des Sozialen. Neuwied, Kriftel, Berlin 1994

Greese, D.: Das Heim als „komprimierter" Alltag. In: Neue Praxis, 1995, H. 3, S. 379–381

Honneth, A.: Kampf um Anerkennung. Zur moralischen Grammatik sozialer Konflikte. Frankfurt a. M. (suhrkamp tb-Ausgabe) 1994

Keupp, H.: Gemeindepsychologie als nichtintendierte Nebenfolge lebensweltorientierter sozialer Arbeit. In: Neue Praxis 3/1995, S. 269–272

Klatetzki, Th.: Wissen, was man tut. Professionalität als organisationskulturelles System. Eine ethnographische Interpretation. Bielefeld 1993

Klatetzki, Th. (Hrsg.): Flexible Erziehungshilfen. Ein Organisationskonzept in der Diskussion. Münster 1994

Klatetzki, Th.: Heimerziehung zwischen Qualität und Kosten. Zwei Modelle zur Beurteilung von Non-Profit-Organisationen. In: Faltermeier, J. (Hrsg.): „... und sie bewegt sich doch". Die Jugendhilfe auf dem Weg zur Modernisierung: Selbstverständnis, Konzept, Organisationsformen „Eigenverl Deutscher Verein", Frankfurt 1995, S. 13–21

Kommunale Gemeinschaftsstelle für Verwaltungsvereinfachung (KGSt) (Hrsg.): Wege zum Dienstleistungsunternehmen Kommunalverwaltung. Fallstudien Tilburg. Bericht Nr. 19/1992, Köln

KGSt (Hrsg.): Das Neue Steuerungsmodell: Bgründung, Konturen, Umsetzung. Bericht Nr. 5/1993, Köln

KGSt (Hrsg.): Outputorientierte Steuerung der Jugendhilfe. Bericht Nr. 9/1994, Köln

KGSt (Hrsg.): Aufbauorganisation in der Jugendhilfe. Bericht Nr. 3/1995, Köln

KGSt (Hrsg.): Integrierte Fach- und Ressourcenplanung. Bericht Nr. 3/1996, Köln

Krome, V.: Kreativ kopieren! Die Diskussion um das Lean Management in der gewerblichen Wirtschaft und mögliche Folgen für neue Organisationskonzepte sozialer Arbeit. In: Blätter der Wohlfahrtspflege 6/1993, S. 197–199

Kühn, D.: Neue Steuerungsmodelle der Sozialverwaltung – Chancen und Gefahren. In: Neue Praxis, 1995, H. 4, S. 340–348

Kurz-Adam, M.: Geistergespräche: Kooperation und Vernetzung in der Erziehungsberatung. In: Neue Praxis, 1995, H. 5, S. 407–413

Kurz-Adam, M., Post I.: Erziehungsberatung und Wandel der Familie, Opladen 1995;

Land Schleswig-Holstein. Die Ministerin für Arbeit, Soziales, Jugend und Gesundheit (Hrsg.): Demokratie lernen. Alltagsorientierte Kinderpolitik in Schleswig-Holstein. Kiel 1995

Maas, U.: Erziehungsberatung und Hilfe zur Erziehung. In: Zentralblatt für Jugendrecht Heft 9/95, S. 387–391

McDougall, J.: Plädoyer für eine gewisse Anormalität. tb-Ausgabe Frankfurt 1989

Meinhold, M.: Hilfsangebote für Klienten der Familienfürsorge – Erfahrungen aus dem Projekt „Familiendienste Wedding". In: Karsten, M. E., Otto, H. U. (Hrsg.): Die sozialpädagogische Ordnung der Familie. Weinheim u. München 1987, S. 197–214

Menne, K.: Outputorientierte Steuerung. In: Bundeskonferenz für Erziehungsberatung e. V. (Hrsg.): Informationen für Erziehungsberatungsstellen, H. 2, 1995, S. 30 f.

Merchel, J.: Sozialverwaltung oder Wohlfahrtsverband als „kundenorientiertes Unternehmen": ein tragfähiges, zukunftsorientiertes Leitbild? In: Neue Praxis, 1995, H. 4, S. 325–340

Müller, B.: Öffentlichkeitsarbeit für soziale Organisationen. In: Blätter der Wohlfahrtspflege, 1990, H. 6

Müller, B.: Jugend und Gemeinde. Individualisierung und kommunale Jugendpflege. In: Blätter der Wohlfahrtspflege, 1991, S. 70 f.

Müller, B.: Erziehungsberatung in der Jugendhilfe-Therapie oder Sozialpädagogik. In: Sozialpädagogik, 34. Jg., Gütersloh 1992, H. 1, S. 15–22

Müller, B.: Sozialpädagogisches Können. Ein Lehrbuch zur multiperspektivischen Fallarbeit. Freiburg i. Br. 1993, 3. Aufl. 1995

Müller, B.: Außerschulische Jugendbildung oder: Warum versteckt Jugendarbeit ihren Bildungsanspruch? In: deutsche jugend, 1993 a, S. 310–319

Müller, B.: Jugendhilfe als moralische Anstalt? In: Sozialpädagogik 7/8 1994, S. 158 ff.

Müller, B.: Ein Helfer ist zu nichts nütze. In: B. Müller: Außensicht–Innensicht Beiträge zu einer analytisch orientierten Sozialpädagogik Freiburg i. Br. 1995, S. 99–114.

Müller, B.: Jugendliche brauchen Erwachsene. In: deutsche jugend, 1995 a, S. 160–169

Müller, B.: Erziehungshilfe als Marktgeschehen? In: Neue Praxis 3/97, S. 265–270, 1998

Münchmeier, R.: Zugänge zur Geschichte der Sozialarbeit. München 1981

Münder, J.: Neues Jugendrecht und Dienstleistungsorientierung – Das Ende der Pädagogik. In: Neue Praxis, 3/95, S. 301 f., 1995

Münder, J.: Erziehungsberatung im Spannungsfeld, das KJHG und die Aufgabe der freien Träger. In: Neue Praxis, Heft 4/95, S. 359–372, 1995 a

Niemeyer, Ch.: Sozialpädagogik als Wissenschaft und als Profession. In: Neue Praxis, 1992, S. 455–471

Nikles, B. W.: Steuerung der Jugendhilfe – Perspektiven und Anfragen. Referat auf dem 2. Jugendhilfekongreß der GEW im Int. Zentrum Bogensee am 28. 10. 1995 (Manuskript)

Nüßle, W.: Qualitätssicherung in der Sozialarbeit. Tabu oder Notwendigkeit? In: Neue Praxis, 1994, S. 434–442

Olk, Th.: Jugendhilfe als Dienstleistung – Vom öffentlichen Gewährleistungsauftrag zur Marktorientierung? In: Widersprüche, Heft 53 (4/1994), S. 11–34

Rauschenbach, Th., Schillinger, M.: Die Kinder- und Jugendhilfe und ihre Statistik, Bd. 1 + 2, Neuwied 1997

Rebbe, F. W.: Der Hilfeplan nach § 36 KJHG als Steuerungselement einer outputorientierten Jugendhilfe. In: AFET Mitglieder-Rundbrief (Arbeitsgemeinschaft für Erziehungshilfe e. V. – Bundesvereinigung), Nr. 3, Sept. 1995, S. 38–43

Roth, M.: Gemeindenahe Arbeitsweisen an Erziehungsberatungstellen. Ergebnisse einer Befragung der Bundeskonferenz für Erziehungsberatung. In: Cremer, H. u. a. 1994, a. a. O., S. 239–252

Sander, Claudia: Klientenrechte in der Jugendhilfe. Eine Studie zur Hilfeplanung nach § 36 KJHG anhand von Hilfeplänen eines Großstadt-Jugendamtes. Diplomarbeit, Universität Hildesheim 1995

Schmidbauer, W.: Helfen als Beruf. Die Ware Nächstenliebe. Reinbek b. Hamburg 1983

Schramm, D.: Qualitätskontrolle in „Sozialen Einrichtungen"/Non-Profit-Organisationen. In: Sozialmagazin, 1994, H. 3, S. 23 ff.

Schröer, H.: Jugendamt im Wandel. Von der Eingriffsverwaltung zum modernen Dienstleistungsunternehmen. In: Neue Praxis, 1994, S. 263–273

Späth, K.: Vom Entwicklungsbericht zum Hilfeplan. In: Materialien zum Hilfeplan der sozialpädagogischen Dienste. Cappelrain 1992

Tegethoff, H. G.: Schlankheitskur für die Jugendhilfe. Rationalisierung nach dem Modell der Kommunalen Gemeinschaftsstelle für Verwaltungsvereinfachung (KGSt). In: Neue Praxis, 1995, H. 2, S. 132–150

Verband Katholischer Einrichtungen der Heim- und Heilpädagogik (Hrsg.): Der Hilfeplan nach § 36 KJHG. Beiträge zur Erziehungshilfe 10. Freiburg i. Br. 1995

Walzer, M.: Sphären der Gerechtigkeit. Ein Plädoyer für Pluralität und Gleichheit. Studienausgabe, Frankfurt, New York 1994

Wendt, P. U.: Professionalität, Marktkompetenz und soziales know how. Modernisierungsbedarf für Jugendarbeit im Kontext der Kommunalfinanzkrise und der aktuellen Gewaltdebatte. In: Neue Praxis, 1993, S. 414–424

Anhang[1] Vorschlag für einen Produktplan der Jugendhilfe

Produktbereich	Produktgruppe	Produkt
51.1 Kindertages- betreuung	51.1.1 Plätze in Kinder- tageseinrichtun- gen für Kinder unter 3 Jahre	51.1.1.1 Plätze in altersge- mischten Gruppen 51.1.1.2 Plätze in Krabbel- gruppen 51.1.1.3 Plätze in Krippen
	51.1.2 Plätze in Kinder- tageseinrichtun- gen für Kinder von 3 Jahren bis zum Beginn der Schulpflicht	51.1.2.1 Plätze in altersge- mischten Gruppen 51.1.2.2 Plätze im Kinder- garten ohne Mittags- betreuung 51.1.2.3 Plätze im Kinder- garten mit Mittags- betreuung 51.1.2.4 Plätze in integrati- ven Gruppen
	51.1.3 Plätze in Tages- einrichtungen für Schulkinder	51.1.3.1 Hortplätze in alters- gemischen Gruppen 51.1.3.2 Hortplätze in Kinder- tageseinrichtungen 51.1.3.3 Hortplätze an Schulen 51.1.3.4 Hortplätze in anderen Einrichtungen der Ju- gendhilfe
	51.1.4 Plätze für Tages- pflege	51.1.4.1 Plätze für Tages- pflege[2]
51.2 Allgemeine Förderung von jungen Menschen und ihren Familien	51.2.1 Kinder- und Jugendarbeit	51.2.1.1 Offene Kinder- und Jugendarbeit durch Einrichtungen 51.2.1.2 Offene Kinder- und Jugendarbeit außer- halb von Einrichtun- gen 51.2.1.3 Verbandliche Kinder- und Jugendarbeit

1) Mit freundlicher Genehmigung der Kommunalen Gemeinschaftsstelle für Verwaltungsvereinfachung in Köln aus der Broschüre „Outputorientierte Steuerung der Jugendhilfe" (KGSt Bericht 9/1994) entnommen. Dieser Vorschlag entspricht nicht den Auffassungen des Verfassers, sondern dokumentiert das KDSt-Konzept, mit dem er sich kritisch auseinandersetzt.
Den in Kapitel 6 kritisch referierten (aber aus Platzgründen nicht dokumentierten) „Produktplan für Erziehungsberatung" hat der KGSt Mitarbeiter R. Eichmann auf einer Tagung der Bundeskonferenz Erziehungsberatung (1996) vorgestellt (s. Literaturliste).
2) In diesem Fall gliedert sich die Produktgruppe nicht in mehrere Produkte. Produktgruppe und Produkt haben den gleichen Gegenstand und deshalb denselben Titel. Sie unterscheiden sich jedoch im Detaillierungsgrad der ausgewiesenen Informationen.

Produktbereich	Produktgruppe	Produkt
	51.2.2 Jugendsozial- arbeit	51.2.2.1 Berufsvorbereitende Angebote 51.2.2.2 Ausbildungs- und Be- schäftigungsangebote 51.2.2.3 Leistungen des Kinder- und Jugendschutzes
	51.2.3 Familien- förderung	51.2.3.1 Allgemeine Familien- beratung und −bildung 51.2.3.2 Familienerholung und −freizeit 51.2.3.3 Materielle Förderung (Familienpaß u.ä.)
51.3 Familien- ergänzende Hilfe für junge Men- schen und ihre Familien in besonderen Problemlagen	51.3.1 Beratung	51.3.1.1 Kinder-, Jugend- und Familienberatung ein- schließlich Beratung Alleinerziehender 51.3.1.2 Partnerschafts-, Tren- nungs- und Scheidungs- beratung 51.3.1.3 Erziehungsberatung 51.3.1.4 Beratung bei spezifi- schen Problemlagen (Drogen, AIDS, etc.)
	51.3.2 Betreuung (Intensive ambulante Er- ziehungshilfe)	51.3.2.1 Erziehungsbeistand- schaft 51.3.2.2 Intensive sozialpäd- agogische Einzelbe- treuung 51.3.2.3 Sozialpädagogische Familienhilfe 51.3.2.4 Soziale Gruppenarbeit 51.3.2.5 Versorgung in Not- situationen 51.3.2.6 Tagespflege als Hilfe zur Erziehung
	51.3.3 Mitwirkung in gerichtlichen Verfahren	51.3.3.1 Mitwirkung in Verfah- ren vor dem Familien- gericht 51.3.3.2 Mitwirkung in Verfah- ren vor dem Vormund- schaftsgericht 51.3.3.3 Mitwirkung in Verfah- ren vor dem Jugend- gericht

146

Produktbereich	Produktgruppe	Produkt
	51.3.4 Amtsvormund-schaft, Amts-pflegschaftt	51.3.4.1 Amtsvormundschaft 51.3.4.2 Amtspflegschaft 51.3.4.3 Beistandschaft
	51.3.5 Heilpädagogische Tagesbetreuung	51.3.5.1 Plätze in Tagesgruppe 51.3.5.2 Plätze für behinderte junge Menschen in integrativen Einrichtungen
51.4 Familien-ersetzende Hilfe für junge Men-schen und ihre Familien in besonderen Problemlagen	51.4.1 Adoption	51.4.1.1 Adoption[1]
	51.4.2 Pflege	51.4.2.1 Vollzeitpflege 51.4.2.2 Pflege in sozialpäd-agogischer Pflege-stelle 51.4.2.3 Pflege in Bereit-schaftspflegestelle
	51.4.3 Heimerziehung	51.4.3.1 Inobhutnahme/Not-aufnahme 51.4.3.2 Allg. Heimerziehung 51.4.3.3 Heilpädagogische und therapeutische Heim-erziehung 51.4.3.4 Intensivhilfe (z.B. mit Ausbildung) 51.4.3.5 Vater/Mutter und Kind Unterbringung
	51.4.4 Unterbringung und Betreuung in anderen Wohn-formen	51.4.4.1 Betreutes Wohnen 51.4.4.2 Wohngemeinschaften für Väter/Mütter mit ihren Kindern 51.4.4.3 Sonstige Wohnformen (z.B. selbständiges Wohnen)

---

1) Adoption ist keine Aufgabe nach dem KJHG, sondern nach dem Adoptionsvermittlungsgesetz (AdVermiG). Sie wurde in den Produktplan aufgenommen, um exemplarisch zu zeigen, wie Produkte mit verschiedenen Rechtsgrundlagen aus outputorientierter Sicht zusammengehören und deshalb einem gemeinsamen Produktbereich zugeordnet werden.
Wie bei dem Produkt "Plätze für Tagespflege" unterscheiden sich bei der Adoption Produktgruppe und Produkt nicht durch den Gegenstand, sondern den Differenzierungsgrad der ausgewiesenen Informationen.